精益实践
综观全局

SEEING
THE WHOLE
VALUE STREAM

[英] 丹·琼斯(Dan Jones)
吉姆·沃麦克(Jim Womack) 著
[美] 大卫·伯朗特(David Brunt)
马修·勒夫乔伊(Matthew Lovejoy)
精益企业管理咨询(上海)有限公司 译

人民东方出版传媒
People's Oriental Publishing & Media
东方出版社
The Oriental Press

哪里为顾客提供产品与服务，哪里就有价值流。而挑战在于如何对该价值流进行观察。

——《学习观察》（麦克·罗伯特、约翰·舒克 合著）

当你学会如何观察单个生产与服务机构的价值流后，就可以逐步扩大观察的范围，试着绘制出供应链的价值流图，涵盖从原材料供应到交付最终客户的整个过程，并逐步实施优化。

感谢丹·琼斯在英国卡迪夫大学精益企业研究中心的同事，尤其是尼克·瑞奇和戴夫·西蒙斯，他们在探索绘制供应链价值流图的过程中做出了许多贡献。同时也要对本书的审阅、编辑及排版人员致以诚挚的谢意，他/她们是 José Ferro、Bruce Henderson、Dave LaHote、Graham Loewy、Dave Logozzo、Bob Morgan、Guy Parsons、John Shook、Atisa Sioshansi、Thomas Skehan、Maria Elena Stopher、Peter Tassi、Jeff Trimmer 以及 Helen Zak。书中如有疏漏和错误，责任全在作者，与上述人员无关。

推荐序一

质量是企业的生命,精益是企业提质增效的有效工具,为企业管理转型升级提供了清晰路径。精益既可以指导企业的经营生产,也可以助力企业的设计研发,精益管理涉及企业管理的方方面面,对于企业发展具有重要意义。

中国有 4000 多万家各类企业,中小微企业占比超过 95%,广大中小企业经过多年的发展,产品研发、质量管控、经营管理水平都有了很大的提升,为我国的经济发展、劳动就业、科技进步、社会稳定做出了巨大贡献。但不容否认的是,我国的广大中小企业是在改革开放后的几十年间迅速诞生、成长、发展起来的,是从物资短缺中走过来的,是很多本来没有做过工业或没有受过系统工业化训练的人逐渐摸索着做起来的。因此，在我们的一些企业中，难免或必然存在着粗放、浪费、品质差、质量低、成本高等不良现象，尤其是与日本、德国等企业管理较为系统、成熟、精细的国家相比，我们确实还有不小的差距。为此，国家制定了《"十四五"促进中小企业发展规划》，其中明确提出了九项重点工程，而中小企业质量品牌提升工程即为其中之一。中小企业应利用好政策的优势，借鉴国内外成功企业在质量管理和质量技术方法推广应用方面的经验，做好引进、消化和吸收，让好的方法为我所用，实现自身的良性发展，是一条较为符合我国实际的策略。而精益管理，正是这样一种适合广大企业学习运用且行之有效的方法。

《国民经济和社会发展第十四个五年规划和2035年远景目标纲要》明确提出，要"实施领航企业培育工程，培育一批具有生态主导力和核心竞争力的龙头企业。推动中小企业提升专业化优势，培育专精特新'小巨人'企业和制造业单项冠军企业"。国家大力倡导培育"专精特新"企业，其中的"精"是指"精细化"，而精益的理念刚好契合了精细化的概念。对于企业如何去做精细化管理，实现精细化目标，精益管理提供了答案。从这个角度来看，实施精益管理既符合企业自身发展的需求，也符合国家促进中小企业良好发展的期望。

我们认为,虽然精益管理的理念及方法首先诞生于日本,有些方面或许与我国的企业管理理念有所区别,但这并不妨碍我们学习和借鉴;虽然精益管理诞生于上个世纪,而随着这些年来工业领域的智能制造、数字化、工业互联网、物联网、供应链等技术的突飞猛进,为一些具体操作工具也插上了信息化的翅膀,作为一种系统的管理思想和方法,对于一些中小企业而言仍具有较高的实践价值。

我们理解,精益管理首先是一种思想、观念、意识,即作为企业管理者,在思想上要始终树立降低成本、减少浪费、持续改进、不断优化、提高质量、提升价值的意识,要认识到改进生产工艺流程无穷期、降低价值链上的各种成本费用无止境、提高产品质量无尽头、提升产品价值无终点。其次,精益管理是一个体系、系统、网络、链条,是一个企业全方位、全流程、全员都囊括其中、所有人要参与的全体行动,不是零星、局部、个别环节、某个人的单一行为。这就是说,精益管理必须整体动员,从企业高层到基层,从前端的原材料供应到后端的产成品交付及客户服务,从物资到厂房、机器设备再到资金以及人力资源等所有要素,都要纳入精益管理的系统之内,协同行动,才能将精益做好。最后，精益管理是通过一系列原则、标准、方法等具体工具实施的，是实践、行动和具体工作，这其中涵盖了很多科学管理方法，如戴明环、流程图、六西格玛、价值流图，以及若干数据分析、看板、图、表等具有特殊功能的管理手段。所以说，精益管理需要掌握这些原则，学习这些方法，并具体投入实践才行。

为了更好地推广精益思想，培育精益管理人才，精益企业中国（Lean Enterprise China, LEC）将《精益术语汇编》《均衡生产》《综观全局》《创建连续流》《精益物流——让物料流动起来》《建立一个精益的供需系统》这套在国外久负盛名的精益工具书引入中国，在国内翻译出版。这套书的引进，有利于在广大中小企业中培养一批懂精益、用精益的高水平质量人才队伍，为广大质量工作者学习精益提供帮助，同时，也必然有利于助力广大中小企业走专精特新之路，让企业更有生命力、竞争力和发展力，助力企业整体运行的质量提升。我们衷心希望，在全社会重视质量、发展质量、提升质量的大背景下，精益管理在建设质量强国的道路上能发挥更大作用！

宁金彪
中国中小企业协会副会长

推荐序二

《综观全局》说明产品价值链的重要性,建议主机厂把自身学习到的精益制造知识和经验延展到主要产品的价值链上。可预期的结果是从订单、原材料与其他供应商、制造、物流、经销商,直至终端客户的整体价值流中,挖掘出可观的物流、人流和信息流的浪费。

这是一个什么概念呢？首先让我们来认清两个数据：一般企业的制造成本占总成本的10%~15%,而供应链一块却占到65%~70%。很明显,从供应链中取得1%的改善成果会比主机厂在制造流程中付出更多努力的结果要大出好多倍。因此,管理者应该打开视野,重视整体价值链的运作,从直升机的高度俯瞰全局，绘制供应链的价值流图，分析数据，从而挖掘出更多隐藏于其中的浪费，并将之转换成现金。

本书手把手地指导企业界的朋友们如何使用价值流图分析法，将产品上游不同级别的供应商以及下游的经销商加入整个链条的价值流图中，并收集和分析相应数据。从本书的案例中，我们清楚地认识到价值流中隐藏的浪费，包括：下游企业为上游公司过滤的质量缺陷中所反映出的上游工厂可观的废料和返工，交付时间与数量的不准确所造成的不必要的搬移与库存，以及订货数量和实际需求的波动引发的物料呆滞或设备超负荷等。此外，供应链上成员之间由于彼此欠了解和不信任产生"牛鞭效应"。换句话说，上游往往在下游实际需要的数量上擅自加码，引发不必要的波动和超负荷的浪费。这些例子指引读者走出企业自身工厂流程的框架，试着了解上下游供应商和经销商的运行流程，并按照书中方法绘制整个链条的价值流图，以突显隐藏的问题。

安镁（ACME）是一家从事精密铝铸件加工的跨国中小企业，在美国、巴西和中国都设有工厂。董事长马修·勒夫乔伊

（Matthew Lovejoy）先生早年从企业濒临破产的失败中学习精益生产，因而成为一位忠实的精益粉丝，醉心于精益思想的钻研与推广。他追随本书作者沃麦克博士，遍邀安镁上游各层级的供应商，包括最上游回收铝罐的铸铝工厂，以及其产品的下游顾客，从发动机、剪草机至终端用户等企业与个人，齐聚一堂，一起绘制出整条链的价值流图。安镁价值链的故事被收录在《综观全局》（第二版）的案例集中，目的是帮助读者在公司的真实运作中提高学习兴趣，可谓用心良苦。

安镁深圳分公司实施精益生产的前十年，像其他许多实施精益改造的公司一样，专注于精益工具的学习与实践，忽略了"质量是制造出来的"，以及"准时交付""管控库存"等精益思想的原点。因此，运营并不理想，逐年亏损，直至2015年才开始回归生产线的流动与拉动，按照客户价值去锻炼基本功。总经理刘健亲自披挂上阵，经过两年的努力使生产现场流动起来，按照客户订单拉动，并实施均衡生产，企业扭亏为盈。接下来，他在这个基础上建立了一套内建质量的管理体系，重视员工培育，以期用系统来固化企业运作。鉴于此，我特别邀请刘健以自身的实践经验来审校本书的翻译稿，并为本书写序。感谢他多年来对精益推广的支持。

感恩历年来协助 LEC 翻译本书第一版的钱高峰先生和赞助商 CEVA 物流公司，以及翻译第二版案例的周健教授，李克斌和罗伟先生：他们的努力让广大精益群能读到这本精益供应链管理的经典著作。感谢东方出版社出版发行精益工具丛书以及中国中小企业协会的推荐。诚挚希望这些精益实践指导手册能为中国企业带来价值。

赵克强博士，精益企业中国（LEC）总裁

2021 年 10 月

推荐序三

2005年夏天,同济大学周健教授带着我们一批学生在深圳工厂开始现场改善的实践。整个团队都是机械和工业工程科班出身,扎实的专业基础让我们做出了相当漂亮的局部改善项目,但没能从整体企业的财务报表上看到效果,团队中动摇和迷茫的情绪开始蔓延。

犹记得那个晚上,周老师在上海从赵克强博士那里拿到了《学习观察》的中文翻译书稿,赶回深圳带着我们挑灯夜读。那种感觉就像是在茫茫的大海中忽然看到了自由女神。如果没有从价值流高度系统去改善,很多局部改善可能会造成消除浪费的"口袋效应",把浪费从左口袋掏到右口袋,企业并没有实质性的变化。彻夜看完书稿,豁然开朗,感觉就如唐僧师徒取到真经。

之后《学习观察》中文版也正式由精益企业中国引入,给广大精益实践者带来了实用的落地工具书,从而真正拉开了精益在中国实践的序幕。有了《学习观察》之后,许多业界的实践者发现单个工厂领域的改善很快就遇到瓶颈,不容易再取得更大的突破。

接下来的20年间,许多跨国企业随着全球化的脚步来到中国和其他"低成本"国家。很自然,供应链的问题日益显现出来。精益思想的创始人吉姆·沃麦克和丹·琼斯决定撰写一本书,来讲述企业向前后端延伸的价值流,包括前端的供应商和后端的客户。这本书取名 Seeing the Whole,中文译名为《综观全局》。后来第二版更添加了多个企业的实践案例,供读者印证参考。由此,精益的实践和研究从单个工厂的改善进入到整体价值链系统优化的阶段。

《综观全局》和其他工具书一样,不仅用简单实用的图标一步步地带领读者绘制整个供应链的价值流图,更结合实际案例层层剖析。其中一个案例,安镁(ACME)就是我目前任职的公司,一家美国传统的中小企业,在美国芝加哥、巴西圣保罗和中国深圳都设立了铝铸件精加工的制造基地。案例中讲述了安镁如何在全球化的进程中应用这个工具,拉动比我们规模大数十倍甚至数百倍的企业,一起实践供应链的价值流改善。

安镁的故事,相较于全球 500 强企业案例,对当前正遭受全球经济激烈竞争、汇率波动和大宗原材料价格上涨等冲击的中国中小企业或许更有切身之痛的参考意义。书中提供的案例和不同的视角或许是当前困境的一个破局之道,特此推荐给中国中小企业管理者阅读,祝愿大家一起努力共渡难关。

刘健
安镁(ACME)亚洲区总经理

目 录
Contents

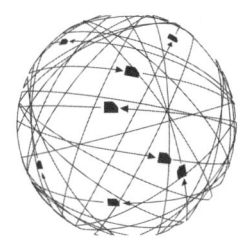

引言 / 001

第一部分　开始动手 / 007

什么是供应链价值流　/ 009

选择一个产品系列　/ 010

选择一个合适的范围　/ 015

选定一个负责人，并组建价值流小组　/ 017

供应链价值流现场观察　/ 027

两方面的收益　/ 029

第二部分　供应链的价值流现状图　/ 033

产品实现所需要的步骤　/ 039

学会区分增值活动和浪费　/ 044

绘制一幅有效的价值流图　/ 046

质量过滤图　/ 052

画出供应链的运输联系　/ 054

时间—步骤信息汇总线　/ 056

画出信息流　/ 056

供应链价值流的现状图　/ 058

信息的价值　/ 062

需求放大效应　/ 069

综观全局，我们能看到什么　/ 074

简单是制胜的法宝　/ 077

第三部分　如何让供应链精益起来　/ 079

精益供应链价值流的几个基本原则　/ 081

精益供应链价值流的特点　/ 083

库存的不同形式和应用：建立库存策略　/ 088

本书后续部分的内容安排 / 091

第四部分　第一阶段及第二阶段的未来状态 / 095

第一阶段的未来状态 / 097

第二阶段的未来状态 / 109

第五部分　理想状态的价值流图 / 117

压缩价值流 / 119

重新选址的原则 / 119

理想状态的变化 / 122

惊人的成果 / 125

切换到理想状态的时机 / 125

得益者和受损者分享成果 / 127

本书第一版的结论 / 129

第二版的新观点 / 130

第六部分　关于供应链价值流的新观点 / 133

将价值流分析从工厂延伸到顾客——自动雨刮器案例 / 135

价值流分析在零售行业的应用——乐购（Tesco）案例 / 150

安镁联盟的供应链价值流——一位 CEO 的实践　/ 163

地理位置的成本　/ 176

观察一个跨越全球的完整供应系统　/ 182

附录　供应链价值流图图标　/ 191

物流图标　/ 191

信息流图标　/ 192

通用图标　/ 192

精益企业中国（LEC）/ 193

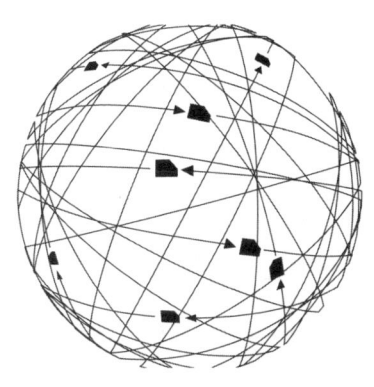

引言

多年来，我们已经爱上了到现场去，沿着一个产品的价值流去寻找出价值与浪费。价值流已经在不同行业的许多产品上体现出价值，并且随着产品的价值流漂洋过海。我们在1996年出版的《精益思想》一书中介绍了一个可乐罐的价值流例子。这个简单的产品只有三个零件：罐身、顶盖及拉环，但从铝矿到可乐罐需历时319天，走过4个国家，经过6个公司的作业程序。然而，在这个漫长的过程中仅有3小时是增值的时间，其余的步骤包括储存、提货、包装、运输、拆包、装箱、检验、返工，以及不停的信息传递，根本不创造任何价值。

"综观全局"对我们而言似乎是再自然不过的事，因为这样做在改善准时交货及质量的同时，还可以削减成本。但是我们发现，大多数经理往往习惯站在自身的立场，用我的设备、我的部门、我的工厂或我的公司的视角来看事情。通常情况下，站在传统的管理角度来分析，这些设备、部门、工厂和公司的业绩都还不错，比如劳动力与机器的利用率、质量以及准时交付等，因此这些经理对自己的成绩感到满意。

但是，当他们将聚焦面从自身的立场扩展到产品的整体价值流时，很快就发现产品的漫长旅途（也即整个价值流）的不合理状况。他们开始质疑：为何这么多年在传统分工的制度下，居然没有发现各处存在的浪费。他们很想知道，如何才能改善目前的不良状态。

这确实是一个很大的挑战。沿着供应链价值流走上一圈，绘制出供应链价值流的现状图，对经理们而言是一件较简单而又有趣的事，这也是非常关键的第一步，因为现状图能帮助大家了解

现状。

但是如何在改善价值流的共同行动方面达成一致,并实际实施,就比较困难了。许多部门和公司之前通常没有在一起共同思考整个供应链价值流的经验,也不知道在供应链价值流某一环节的改变需要其他环节绩效的改善来支持。这种情形下,不同公司的经理们如何才能学会一起来做这项工作?

实际上,每个价值流最适用的方法是需要通过不断试验来获取的。在这本精益改善指南中,为了启发大家的思路,我们基于自身的实际经验向大家推荐了一种方法。这种方法展示了我们的价值流团队如何从创建第一阶段的"未来状态图"着手,应用本书的"伴侣"精益工具丛书之《学习观察》中提及的方法,在每个工厂里全面地引入精益改善。通过这种做法,可以对整个供应链价值流的绩效产生显著的改善效果,同时创建出一种共享成果的意识,激发大家开始下一步的改善。

接下来需要做的就是绘制第二阶段的"未来状态图",这一阶段主要是在不同的工厂或公司之间建立起拉动系统,以及定期的物料补充循环系统。这一阶段的工作,可以使整个供应链价值流的绩效发生再一次的飞跃，包括减少多余的工序、削减库存、缩短交付周期、减少缺陷，以及按照顾客需求的时间保质保量地交付产品。这一阶段的成功也为进一步的改善奠定了基础。

下面的一步，我们称之为"理想状态"（尽管只是基于当前的技术和产品设计的理想）。这一阶段的目标是重新评估供应链价值流中每一个环节的地理位置，尽可能地压缩整个供应链价值流，加速其流动，以期进一步提升质量和对顾客的反应速度。

改善你自身价值流的准确步骤和顺序，只可能经由你自己的团队和你的合作组织通过尝试来确定。不过，我们相信，对于价值流的共同管理、适宜的过程以及信息科技的创造性思考，终会压缩大多数供应链价值流，使其平稳地转向一个新的状态。在这个状态里原有的大量工序和流程时间都得到削减，并使得实际的生产力得到提高。

这将是一场革命，谁先达到目标，谁就将获得竞争优势。更为重要的是，尽早启动供应链价值流并获得进展的企业，将具有持续的竞争优势。

精益供应链成功的关键在于你是否有这个勇气，并且能组织跨职能部门以及跨公司的团队，改变供应链的价值观，将重点放在产品的流动上，而不是单个点的绩效上。然后学会综观全局，在为顾客创造新的价值的同时，逐步消除供应厂商的浪费！我们希望你们尽早开始这项工作，并期待听到你们在实施过程中遇到的困难及所取得的成功。

丹·琼斯 于古德里奇, 赫里福德郡, UK

吉姆·沃麦克 于布鲁克林, MA, USA

2011 年 10 月

第一部分　开始动手

第一部分　开始动手

什么是供应链价值流

选择一个产品系列

选择一个合适的范围

选定一个负责人,并组建价值流小组

供应链价值流现场观察

两方面的收益

什么是供应链价值流

它是一个将原材料转化为交付给客户的产品所经历过程的总集成，包括增值的活动以及浪费。价值流图由两条主线组成：①客户的订单信息流，从下游向上游流动（当销售预测替代确认的订单时，需求的信息来自销售部门）；②物料流，从上游向下游移动。这两个流组成了一个闭路的供需循环。

> 绘制价值流图的过程，需要你将直接观察到的信息流和物料流动情况总结出来，并以图标的形式进行记录，之后，再构想出一个好得多的未来状态图。

供应链价值流图既可以用于当前正在生产的产品，也可以用于开发中的新产品。两者之间唯一的区别在于：前者的现状图描述的是当前的生产状态，而对正在开发的产品，其现状图代表的是为制造产品"采取的当前的成熟方法"。与现状相对比，是更少浪费，并且能更好地响应客户需求的未来状态或理想状态。

选择一个产品系列

价值流图的一个重点在于如何将生产活动分解到具体的产品层面，以便相关的负责人更容易掌握。要达到这一点，你必须从最靠近客户的下游工序开始，在那个点上确定产品系列。典型情况下，一个产品系列将会包括多种不同的产品，但它们在发运给客户之前会经由类似的加工工序，并使用共用的生产设备。以下是几个例子：

● 在一家生产电动工具的企业里，一个产品系列可能是一套中型的电钻，这个产品系列采用一种通用的电机驱动结构，并使用一个共同的组装单元作为最终的生产步骤，尽管其最终产品可能存在多种不同的特性，或贴着不同的客户标签。或者，价值流图绘制团队也可以考虑以装入中型电钻产品的电机作为划分不同产品系列的点，并从该点沿着价值流向上游进行价值流图的绘制和分析。

● 在汽车行业，一个产品系列可能是在一个总装厂里生产的一个车型平台（比如福特的 Fusion 和 Lincoln MKZ）上的数种产品。或者，它可能是提供给总装厂的一个关键零部件系列，譬如交流发电机，使用共同的设计结构，在同一个组装单元里生产,但可以有不同的输出功率,以及对应于不同车型的不同安装位置。

● 在航空业,一个产品系列可以是一种机身(譬如波音 737 或者空客 A320),也可以是一个重要的分装总成,比如垂直尾翼。针对不同的客户,分装总成可能有一些差异,如一个尾翼可能包含不同的导航以及天线和整流装置。另外,同一产品系列的产品可能在尺寸上有差异,例如用于加长机身上的尾翼可能比常规尺寸机身上的尾翼稍长。垂直尾翼清晰地构成了一个产品系列,因为所有产品都经过类似的制造流程,但与其他机身上使用的尾翼没有任何共性,尽管那些尾翼也可能是在同一工厂内的其他区域制造的,甚至使用了相同供应商提供的某些部件。

需要注意的是,同一产品系列的产品可能供应给一些不同的最终客户,并具有不同的外形特点,因此会导致掉以轻心的观察者忽视其共同点。不过,从工厂的角度或者站在价值流的下游看,这些产品的确属于同一产品系列。

另外,从下图的例子中可以看出,在同一价值流图上的上下游公司之间通常有比较复杂的关系。比如,Delta 公司同时为 Summa 和 Zenith 公司供应产品,Omega 为 Delta 和 Azimuth 提供类似的零部件，而 Illinois 钢厂则同时给 Theta、Zeta 及 Omega 提供原材料。供应链价值流图会帮助我们从这些错综复杂的关系中跳出来，专注到某一个价值流上，这样比较容易找出改进措施，并延伸到其他所有的价值流上。

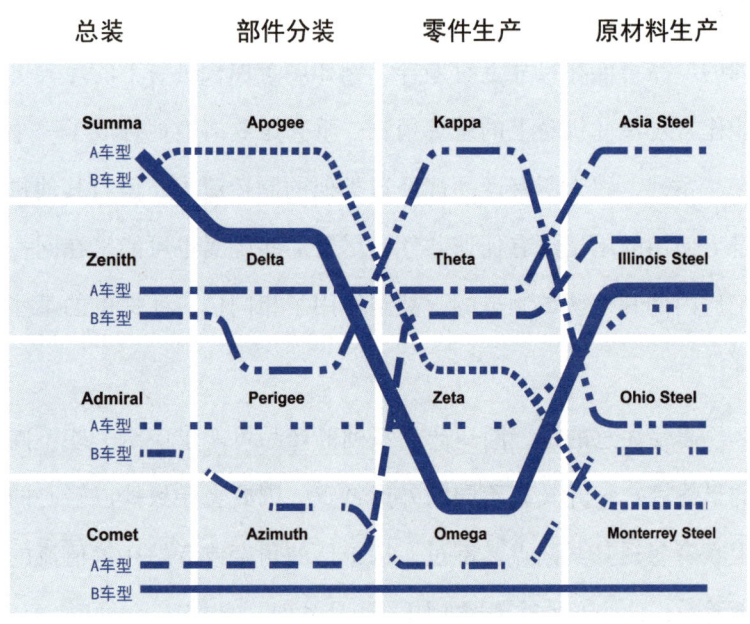

雨刮器供应链价值小组

从哪儿开始

我们经常听到一种说法，即供应链价值流图最适用于尚未上市的或正在开发的新产品，因为对一个没有投产的产品的价值流进行彻底的重新思考和设计，要比对一个已经量产的产品的价值流进行改进来得容易，而且成本低。当然，如果能够在每一个新产品的开发流程里将该产品按现有方法生产的价值流图，以及其他更有效的未来状态和理想状态图绘制出来，那会是一个非常好的机制。

但是，我们也非常担心，如果把重心都放在尚未量产的产品上，将会分散大家对改进目前已经量产，并且还将生产数年的产品价值流上所存在问题的注意力，不能及时找出并消除浪费。我们认为的上上策是：真正相信价值流思维的企业，应该同时注重对当前的产品的价值流改进，以及对新产品的未来及理想状态价值流的规划。

产品系列的定义是从绘制的价值流图的最后一站开始的，因此，这一概念从本质上是不连续的。也就是说，你也可以从许多不同的点开始定义产品系列,并反过来向上游进行价值流分析。因此,可以按需要,选择不同的长度来定义产品系列。举例来说,对一个电枢制造商来说的产品系列,可能只是交流发电机制造商众多零部件中的一种而已;交流发电机的制造商可能将所有大型交流发电机定义为一个产品系列;而对汽车整车组装厂来说,大型交流发电机只不过是整车多种零部件中的一种而已。

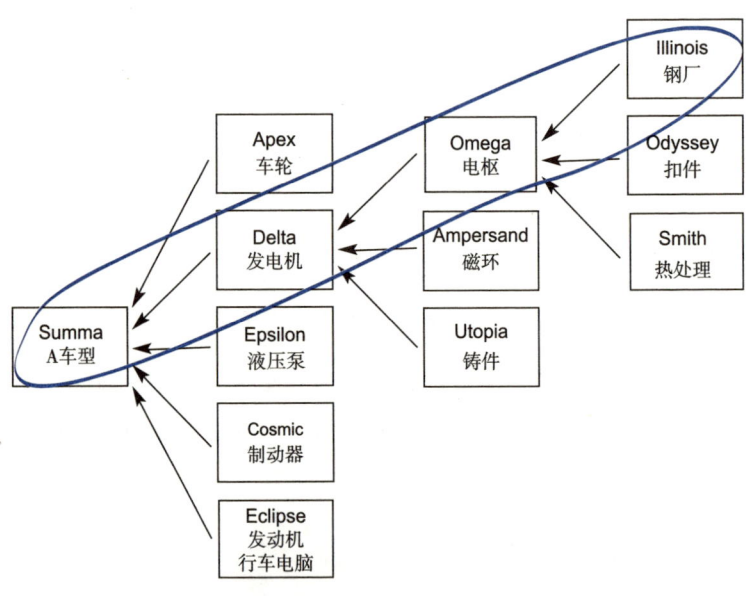

Summa 公司的供应链价值流

当你选定一个起始点，并反方向向上游延伸，来绘制你的第一幅供应链价值流图时，最好是跟随一个单一的产品系列的路径，并且专注于产品的一个部件。这是因为供应链价值流图的首要目标，是让上下游的公司对价值流中存在的浪费达成突破性的共识，并认识到消除浪费的系统性机会。依据我们的经验，你沿着某一个部件的价值流图所找出的浪费，非常可能在最终成品的其他部件的价值流中同样存在。另一种方法是，将成品每一个部件的价值流图都画出来，但这样会花很多时间，同时过多的信息会让人混乱，效率不高。

　　如果价值流小组成员经过磨合后，能一起探讨该产品系列的价值流，并得到有用的结果，那么，在接下来的绘图过程中，就可以将类似的价值流图延伸到成品的其他部件，甚至所有部件。不过在开始的时候，我们建议你选择较为简单的任务，将重点放在如何在提高小组成员的认知和兴趣方面取得突破。

选择一个合适的范围

　　一个理想的供应链价值流图应该真实地反映供应链的整个状况。也就是说，从产品的使用者开始，沿着价值流向上一直延伸到原材料——包括新开采的、制成的、或是回收的物料，这样容易显示出整条供应链上所有的浪费以及信息流失的状况。但是，要把所有的产品细节都画在一张价值流图上确实太复杂了，同时，刚开始就想一步到位的做法并不实际。我们建议刚开始接触供应链价值流图的朋友，选择价值流图中的1~2个工厂进行分析，你会从中学到一些经验。从事供应链价值流图的研究，缩小范围是一种策略。

大家应该注意到价值流图的范围，从《学习观察》一书中单个工厂层面，到本书的供应链层面，有很大的变化。主要的不同点在于，本书中所用的单元数据箱以工厂为单位，而《学习观察》一书中的数据箱则以工序为单位，如冲压工序、焊接工序、组装工序等。虽然原理相同，但在供应链价值流图中，整个工厂的人员和设备等主要数据，被缩减到一个同样大小的数据箱中（因为图纸尺寸限制）。唯有这样，我们才能更有效地看到整个供应链的全局。

在本书中，我们将在一个中等程度的视野范围内，绘制一个供应链的价值流图，从成品的交付中心开始，到上游的原材料（如卷料钢带）。当然，如果你愿意将最终产品向下游延伸至用户手中，或者将原材料向上游延伸到铁矿，那将更理想。（在本书第二版全新扩展的内容中，我们将雨刮器的价值流案例延伸到了分销商处的顾客端。参见第 135 页《将价值流分析从工厂延伸到顾客——自动雨刮器案例》一文。）

选定一个负责人，并组建价值流小组

我们希望各工厂的经理已经通过学习《学习观察》描述的方法，积累了在工厂层面绘制价值流图的经验。同时，供应链价值流中各相关工厂均指定了自己的价值流经理。我们认为，这对在工厂层面获得价值流改进的全面益处非常重要，而且这些工厂层面上的知识对于快速而准确地绘制出供应链的整体价值流图也至关重要。

然而，就其本质而言，供应链价值流的范围涵盖了不同的工厂或公司，而各工厂的价值流经理仅负责其内部流程，那么，谁来负责联系以及管理这个跨越不同公司的供应链价值流图呢？我们有必要指定一个新的"产品价值流经理"（Product Line Manager，PLM）。

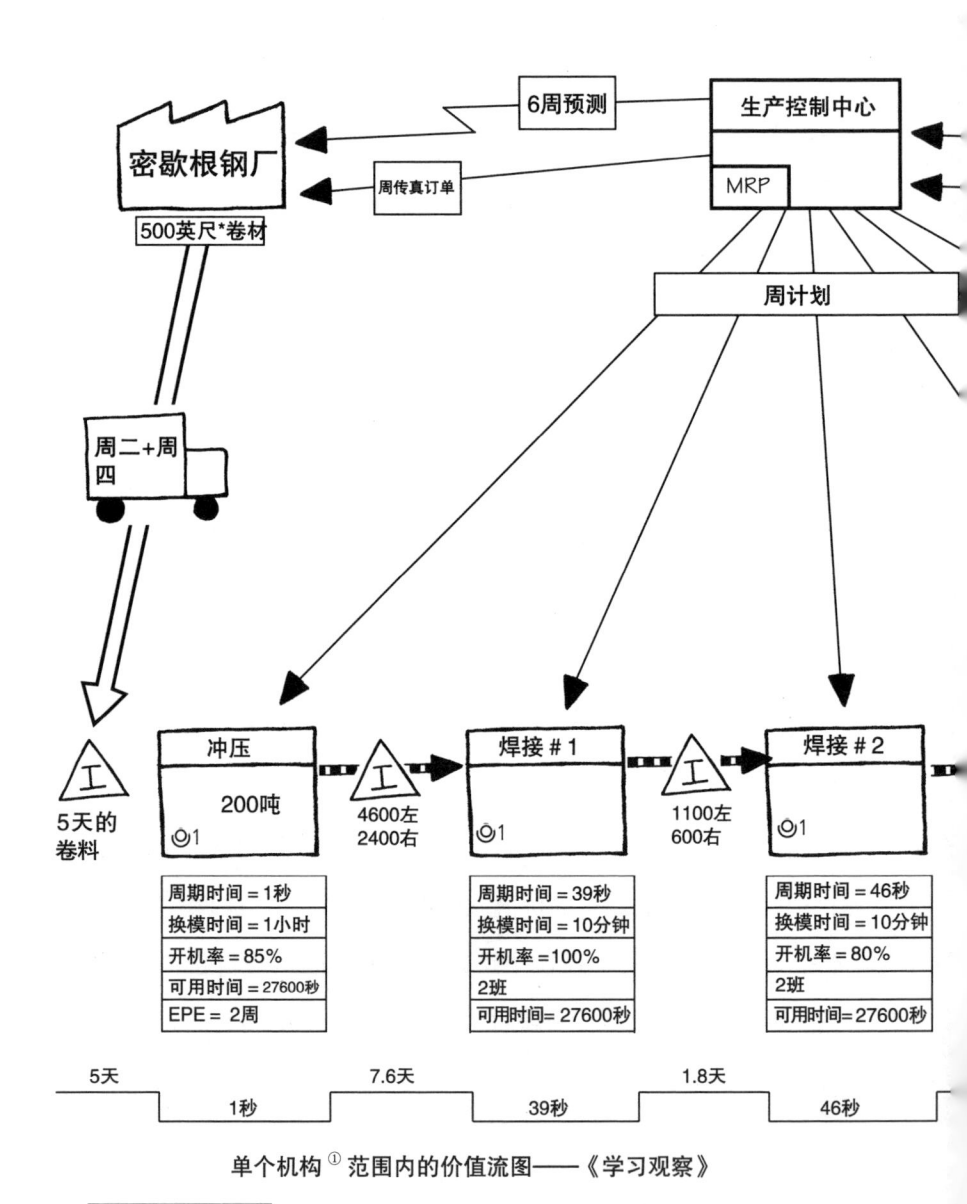

单个机构① 范围内的价值流图——《学习观察》

---

① 机构，英语单词是 facility，本书中指工厂、仓库、越库设施等实体。
* 1 英尺 =30.48 厘米。另：1 英里 ≈ 1609 米；1 英寸 =2.54 厘米。

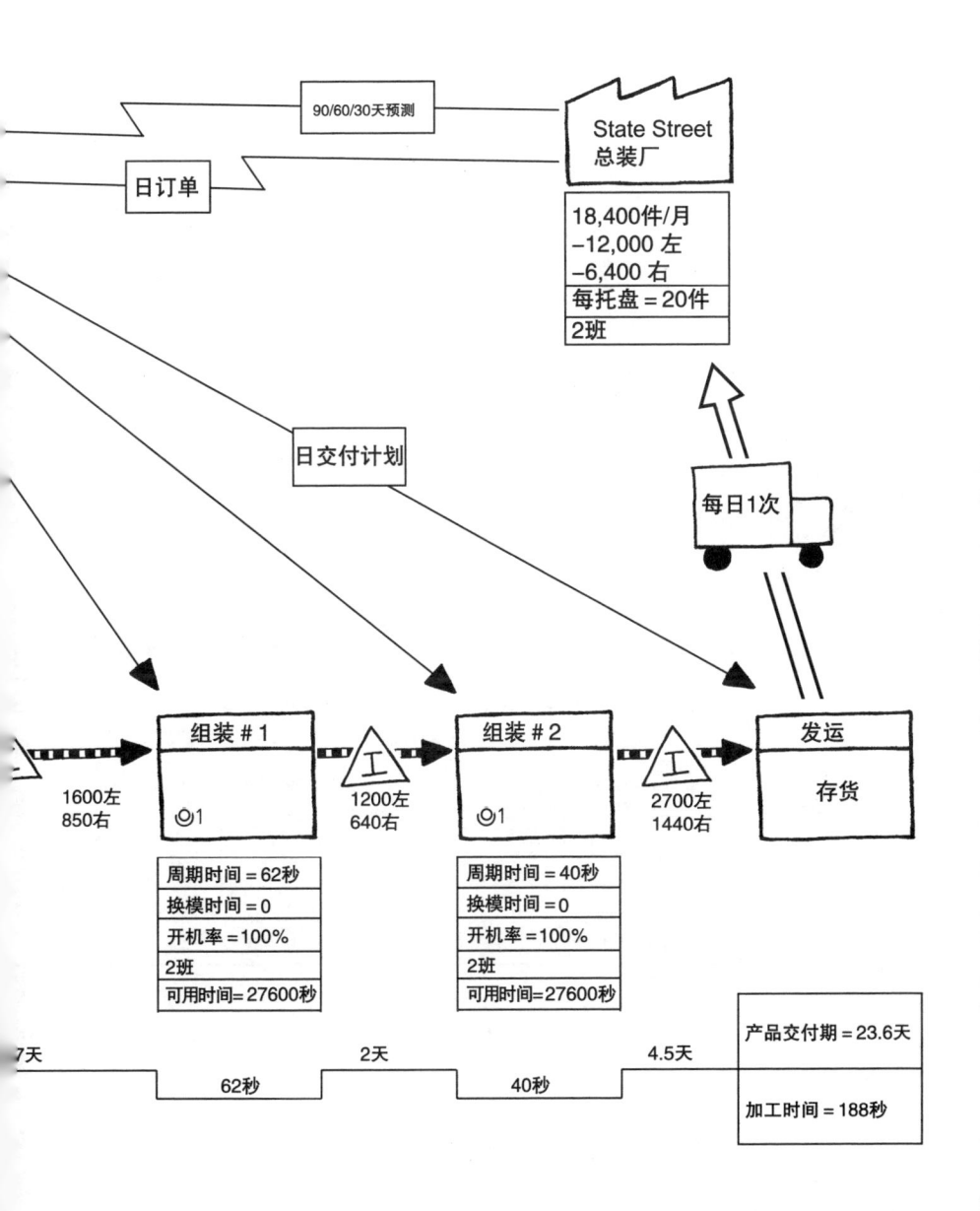

```
                                    90/60/30天预测          ┌─────────┐
                    ┌─────────────────────────────────►    │ State Street │
                    │                                       │ 总装厂       │
        ┌──────┐    │                                       └─────────┘
        │ 日订单 │◄──┤                                       ┌──────────────┐
        └──────┘                                            │ 18,400件/月   │
                                                            │ -12,000 左    │
                                                            │ -6,400 右     │
                                                            ├──────────────┤
                                                            │ 每托盘 = 20件 │
                                                            ├──────────────┤
                                                            │ 2班          │
                                                            └──────────────┘

                         ┌─────────┐
                         │ 日交付计划 │
                         └─────────┘
                                                                    ▲
                                                                    ║
                                                                 ┌──────┐
                                                                 │每日1次│
                                                                 └──────┘
```

组装 # 1		组装 # 2		发运
1600 左 / 850 右	1200 左 / 640 右		2700 左 / 1440 右	存货

周期时间 = 62秒	周期时间 = 40秒
换模时间 = 0	换模时间 = 0
开机率 = 100%	开机率 = 100%
2班	2班
可用时间 = 27600秒	可用时间 = 27600秒

7天   2天   4.5天

62秒   40秒

产品交付期 = 23.6天
加工时间 = 188秒

第一部分　开始动手　/　019

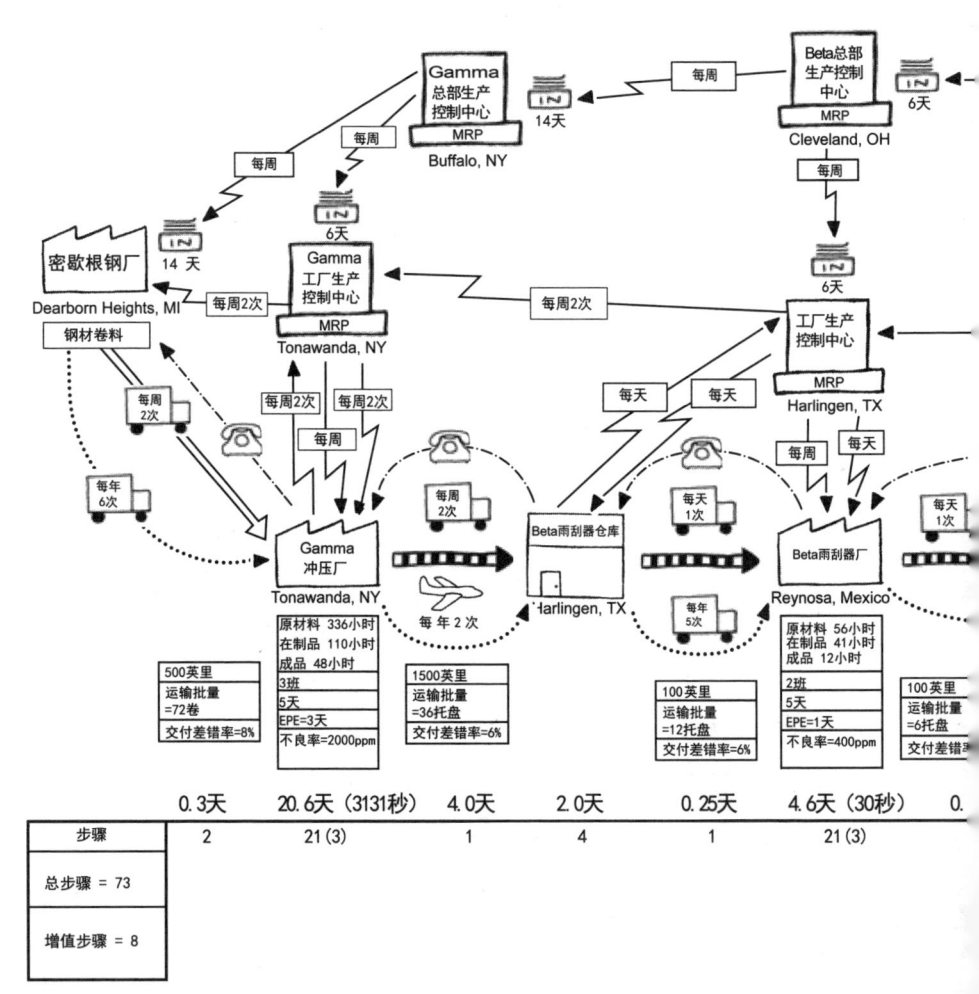

多个机构范围内的价值流图——《综观全局》

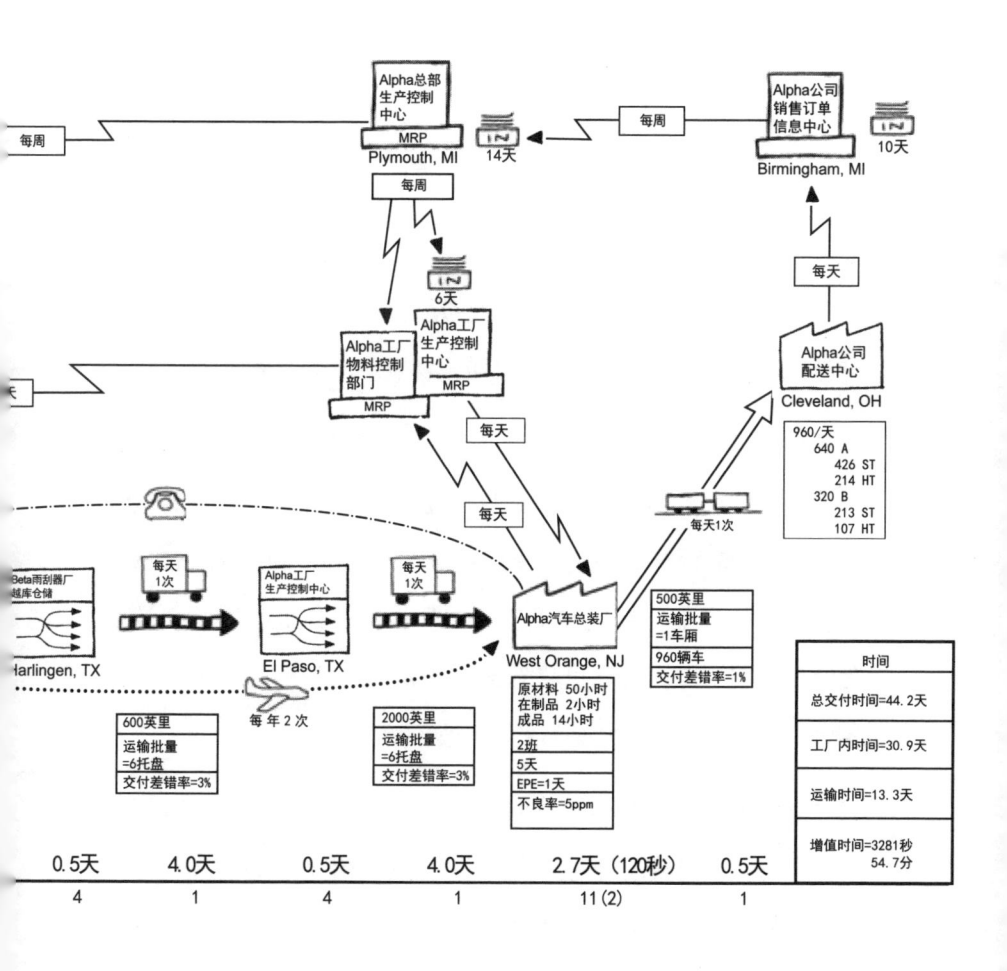

每周		Alpha总部 生产控制 中心 MRP Plymouth, MI	14天 ← 每周	Alpha公司 销售订单 信息中心 Birmingham, MI	10天	

每周

6天

Alpha工厂
物料控制
部门
MRP

Alpha工厂
生产控制
中心
MRP

Alpha公司
配送中心
Cleveland, OH

每天

960/天
640 A
426 ST
214 HT
320 B
213 ST
107 HT

每天

每天

每天1次

Beta雨刮器厂
越库仓储
Harlingen, TX

每天1次

Alpha工厂
生产控制
中心
El Paso, TX

每天1次

Alpha汽车总装厂
West Orange, NJ

500英里
运输批量
=1车厢
960辆车
交付差错率=1%

600英里
运输批量
=6托盘
交付差错率=3%

每年2次

2000英里
运输批量
=6托盘
交付差错率=3%

原材料 50小时
在制品 2小时
成品 14小时
2班
5天
EPE=1天
不良率=5ppm

时间
总交付时间=44.2天
工厂内时间=30.9天
运输时间=13.3天
增值时间=3281秒 54.7分

0.5天	4.0天	0.5天	4.0天	2.7天（120秒）	0.5天
4	1	4	1	11 (2)	1

第一部分　开始动手　/　021

产品价值流经理（PLM）

PLM 通常来自供应链最下游的工厂，他的经历与知识要远超一般工厂内的技术人员。实际上，理想的 PLM 是一个有经验的商务经理，其中的"商务"一词代表其具备为产品系列赚取更多利润，并赢取更多市场的能力；而"经理"一词则指其能具体策划整个供应链价值流上的行动计划，带领大家消除各种浪费、降低成本，同时提高产品质量及响应市场的速度。

在我们所交往过的那些成功的企业中，PLM 既要考虑产品的市场及工程问题，还要顾及制造过程与供应商。由于能够兼顾市场、产品设计、制造及供应链等多个元素，PLM 能站在一个独特的位置上，有效地管理与产品相关的各个职能的绩效。我们在本书的后面几章里将看到，PLM 最大的责任就是通过对各部门的持续审核及追踪，来制订改善的行动计划。

一般来说，我们不推荐成立一个由相关的工程、运营、采购和市场人员组成的针对某个产品的特别小组来执行这项任务。因为这样做势必导致一些人员任务的重组，对当前价值流的运作产生一定的负面影响，同时这种组织结构也不一定能解决上游供应商配合的问题。实际上，在大多数情况下，如果 PLM 能发挥积极的作用，这种多人组成的专职小组也并不必要。

在当今的制造业内，最知名的 PLM 范例恐怕要数丰田公司每一个汽车平台的总工程师（在日语里该岗位称为"SHUSA"，主查）了。每名丰田的职工都知道总工程师。总工程师要对产品的总体成功负责，其核心评价指标是投资回报和市场份额。不过，就像我们所提到的 PLM 一样，丰田的总工程师在实际工作中并没有对市场、工程和生产等职能部门及供应商有任何直接的权力，这些日常的管理工作通常由各职能部门的经理来负责。总工程师和他为数较少的几名助手最主要的任务是"综观全局"，领导协调每个职能部门和上游企业做出必要的努力，为整个供应链创造价值，交付从最终客户的角度看令人满意的产品。

要是供应链上游的企业里也有类似 PLM 的负责人的话，那么处于下游企业里、负责整个供应链的 PLM 就更容易发挥作用。在这种情况下，由供应链上每一家成员公司的 PLM 组成的小组就能够很快地对任何一种产品进行迅捷的评估，并采取行动。

然而，实际情况并非如此乐观。在世界范围内，当前很少有企业有真正的 PLM。（我们在写这本突破性的行动指南时，一个最大的担心就是，目前在很多公司里根本就未设立 PLM 这个职位。）因此，为了能开始采取行动，只能期望最下游工厂中某个部门有人愿意承担起这个领导责任，从而实现在对这一问题的理解上取得突破。这个负责人可能只有较小的行政权力去领导其他职能部门以及供应商，因此他只能通过实际的运作来带动大家，用局部的改善成效来加强各工厂对整体供应链价值流进行改善能获得巨大收益的认识。

我们不敢奢望任何人在任何地方，沿着供应链价值流都能够成功地提升每一个参与者去进行改革的意识。但我们可以确认的是，只要大家有勇气采取行动，任何人在任何地方都能够提出建设性的建议，将以前认为不可能的事情变为可能。

任何人可以从任何地方开始

在编写本书的过程中，最令人惊讶的是，我们发现一个供应商的总经理读过《学习观察》后，要求他的下游客户主机厂及上游供应商一起来绘制供应链价值流图。

毫无疑问，开始的时候客户并不理解，因为供应商除了推销自身的产品外，很少在其他事情上如此主动。开始的时候上游供应商也很吃惊，因为他们以前从这家公司得到的只是降价的要求。对客户和供应商来说，要求他们参与讨论供应链上的价值流是完全没有预料到的。

不管怎样，还是有几个客户和上游供应商接受了这个挑战。在一起评估了几个典型的供应链价值流后，他们迅速发现在主机厂与供应商之间，以及供应商彼此之间，都存在一些交叉和重复的工作。因为在错误的地方，应用错误的信息，从事大量无效的活动，导致了很大的成本浪费。在这个例子中，一家位于供应链价值流中游的企业通过发起供应链价值流图的绘制活动，提高了供应链上的所有企业对供应链价值流的认识，并且使大家能够以一种全新并且更有效的方式来思考问题。

要想获得成功，领导整个价值流图绘制和分析工作的人必须是能够赢得上游供应商伙伴尊敬的人，并要在工作中采取严格和公平的程序。理论上，这个负责人可以来自采购、生产控制、物流、运营部门，或者具有过程改进职能的部门，如质量或工艺工程部门。这些人中的任何一个都可以担任这项工作。但是要注意，如果指派一名采购经理担任价值流图绘制领导者可能会带来问题，因为上游供应商可能会误解绘制供应链价值流图的目的是发现供应商处存在的浪费，并立即要求进一步降价。因此，必须在公平、合理的原则下，与相关方建立起一种共识——绘制供应链价值流图的目的是"共赢"。如果有需要，采购部门可以考虑从其供应商开发部门的经理中选出一名来担任价值流图绘制工作的领导者。

价值流小组的成员需要包含价值流中所有公司和工厂的代表。理想情况下，它也需要来自各公司相关部门（如销售、运营、生产控制和物流、采购、制造工程、信息管理、产品工程等部门）的人员，而这是关系到供应链价值流图能否绘制成功非常关键的一个因素，但这样做会使整个小组过于庞大，以至无法有效地沿着价值流做分析。所以，我们通常建议供应链上的每家公司只选派一名代表组成供应链价值流图绘制的小团队。在需要的时候，这个团队能够迅速地从各自公司的相关部门取得需要的资料与信息。

对外部咨询顾问和内部员工角色的错误定位

在任何一家公司，如果产品价值流经理（PLM）们的工作很忙碌——这可以涵盖几乎所有的企业——经理们都倾向于将创建价值流图的任务委托给外部的咨询顾问，或者内部的一个小组，比如工厂的生产计划部门，或者负责流程改进的部门。实际上，根据我们的经验，这是一种误导性的做法。那些外部顾问或内部专家的发现，对于 PLM 们来说很少是可信的。PLM 真正需要的是邀集相关人员一起沿着价值流走上一圈，发现浪费，并就一个跨公司的行动计划达成一致意见，而外部顾问和内部专家很难做到这一点。咨询顾问和内部专家总会准备出一份漂亮的报告，但据我们的经验，报告看起来越漂亮，其作用往往越小。一段时间后，这些报告就会被束之高阁，逐渐为大家所遗忘。

记住：只有承担着清晰责任的 PLM 们才有可能解决这个问题，所以，也正是这些经理应该负责绘制价值流图。

供应链价值流现场观察

在任何一家公司，一旦确定了绘制工作的领导者和小组成员，他们就需要一起沿着价值流走上一圈，进行实地观察，画出供应链价值流的当前状态图，然后提出以下的问题：

"哪些步骤创造价值，哪些步骤里存在浪费？"

"为什么订单的波动这样没规律？为什么质量不稳定？"

"为什么产品准时交付率不高？"

"如何提高给最终客户的价值？"

在绘制出价值流的现状图后，大家对于当前状态有一个初步的了解，接下来就可以开始绘制未来状态图了，重点在于消除浪费，使过程稳定化，并简化信息的流动。

在本书中，我们提议绘制前后两个阶段的未来状态价值流图。第一阶段的未来状态图旨在呈现在与该产品相关的供应链上的每个工厂里，实施《学习观察》一书里所描述的未来状态。这意味着，在每个可能的地方引入连续流（这部分内容在由麦克·罗伯特和瑞克·哈里斯合著的精益企业研究院精益工具丛书之《创建连续流》中有具体介绍），并且在不能实现连续流的工序之间创建稳定而均衡的拉动生产模式。

第二阶段的未来状态图则涉及如何在每个工厂之间建立稳定而均衡的拉动系统及定期的材料补给循环。在这个阶段，大部分的仓库会被取消，或者代之以越库作业。

而理想状态，就是接下来将从原材料到成品的整个供应链流程都规划在同一个地方，这样可以减少所有的运输以及不必要的信息流转。

你或许会发现，以上推荐的这种分阶段绘制供应链价值流图的方法可能适用于你的价值流，也可能不适用。尤其是当你为一个全新的产品绘制价值流图时，你可能会考虑直接从当前状态（按现行方法，即最能掌握的生产模式）跨越到理想状态，但是我们并不建议你这么做。

在本书中，我们采取这种"三步法"：在完成供应链价值流的现状图绘制后，先完成第一阶段的未来状态图绘制，然后再进行第二阶段的未来状态图绘制。我们相信这会是最典型的方法。

两方面的收益

对各职能部门的初步认识

在价值流小组绘制价值流的现状图时，他们可能会吃惊地发现，价值流上存在的大多数问题可以直接追溯到不同的职能部门，包括信息技术、生产管理、物流、产品工程、运营及采购等部门。同时，在这个价值流上发现的问题，几乎都会重复出现在其他价值流中。其实，各部门都愿意支持每个产品的价值流，只是对他们来说，了解自身活动与产品价值流的需求之间的关系并不是一件容易的事情。

因此，除了能提高员工对过程中的浪费和改进机会的认识外，绘制价值流图还有一个重要的好处，那就是能够让各部门对自身的职责有更清晰的了解，从而可以更有效地支持价值流。要是各部门能把这些改善应用到公司其他价值流上的话，那将会获得到更大的效益。

对公司之间关系的诊断

当价值流小组开始绘制供应链价值流图时，他们很可能会有另外一个发现。尽管如今价值流的上下游公司之间常常在口头上非常强调彼此间的合作伙伴关系，然而在大多数情况下，小组成员会失望地发现高层次上的合作原则和每个价值流的日常运作之间存在巨大的差距。在价值流层次上，如果工厂和工厂之间存在极大的混乱和降低效率的运作方式，那么很明显，高层的"伙伴关系"策略并没有完全转化为基层的竞争力。

幸运的是，绘制供应链价值流图能为各企业提供一种清晰而一致的语言，可以让他们就共有的成本、质量、可靠性、响应能力及沟通等方面的问题进行建设性的对话。实际上，我们相信丰田之所以能建立起世界上最精益的供应链之一，是因为他们努力地改善每一个价值流的问题，而不是仅仅依赖那些高层的合作协议。如果每家企业都能将自己关于共有价值流管理的体会和认知应用到其他相关的客户和供应商，大家都将会获得丰硕的回报。

第二部分　供应链的价值流现状图

第二部分　供应链的价值流现状图

产品实现所需要的步骤

学会区分增值活动和浪费

绘制一幅有效的价值流图

质量过滤图

画出供应链的运输联系

时间—步骤信息汇总线

画出信息流

供应链价值流的现状图

信息的价值

需求放大效应

综观全局，我们能看到什么

简单是制胜的法宝

在掌握了供应链价值流图的基本原理后，价值流小组成员就可以开始一起绘制特定产品系列的价值流现状图了。在这幅现状图中，需要把供应链价值流的当前状态用一些特征化的图标表示出来。

在本书中，我们选择了一种产量较高而品种较少的汽车零部件——前挡风玻璃雨刮器，作为绘制供应链价值流图的案例。这种产品由夹持雨刮片的雨刮柄及将雨刮柄和车身连接起来的雨刮臂构成。从产品的复杂程度及产品类别的数量看，它类似于《学习观察》一书中谈到的转向管柱支架。

涉及这种产品的整个供应链价值流涵盖从供应链下游的最终用户——汽车的使用人员开始，直到供应链最上游的原材料——地球上的铁矿石，但本书只是绘制了整个价值流的中间一部分。这部分价值流开始于 Alpha 汽车总装厂——它面对价值流终端的顾客，向上依次经过 Beta 雨刮器厂、Gamma 冲压厂，直到提供原材料服务的密歇根钢厂的发运平台。供应链价值流小组由五名成员组成，他们分别来自这一部分供应链上的四个工厂。小组由 Alpha 汽车总装厂采购部里负责供应商开发工作的负责人领导，成员包括 Beta 雨刮器厂的产品价值流经理及雨刮器厂的工厂经理、Gamma 冲压厂负责这一产品系列的价值流经理，以及密歇根钢厂的销售经理。

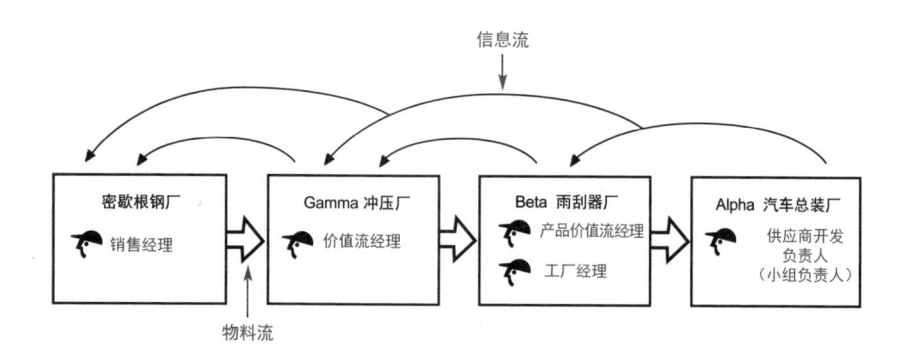

雨刮器供应链价值流小组

在开始绘制供应链价值流图之前，让我们先来了解一下前挡风玻璃雨刮器到底由哪些零部件组成，以及该产品是如何与最终产品进行连接的。注意，我们在现状图中将仅绘制蓝色圈选部分涉及的过程，这样做是为了使供应链价值流图的首次绘制工作不至太复杂，从而使大家更好地加深对供应链价值流的认识。

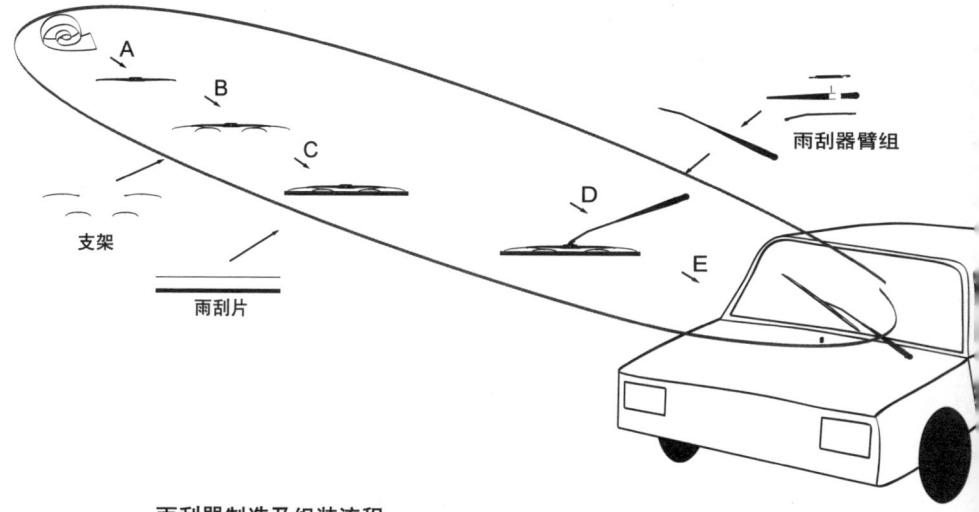

雨刮器制造及组装流程

A. 将卷料钢带冲压出雨刮柄

B. 将四个支架组装到雨刮柄上

C. 将雨刮片组装到雨刮柄组件上

D. 将装有雨刮片的雨刮柄组件和雨刮臂组件组装到一起

E. 将雨刮器总成安装到汽车上

我们讨论的雨刮器根据配套车型的不同分为两种规格，分别是豪华型（HT）和标准型（ST），每种规格又有 S 和 L 两种不同尺寸的产品，以适应 A、B 两种不同的车型。

在本案例中，该雨刮器在左舵车和右舵车上是完全相同的。豪华型和标准型产品的差别仅仅区别于产品的油漆——标准型的产品是黑色亚光漆，而豪华型的产品是黑色镜面漆；S 和 L 两种产品也只是在尺寸上有所区别，它们的基本设计和其构成零部件的数量完全一致。换句话说，因为不同的雨刮器在车身上的安装点及所需的安装时间是相同的，所以在最终的组装工序，不同型号的产品是可以互换的。

对 Alpha 汽车总装厂而言，该雨刮器的上游所有工序，包括雨刮器组装、零件喷涂和零件冲压，除了有细微的工装差异外，在供应链上的每家公司所涉及的生产设备及工艺流程基本都是一样的，因此可以明确地将该产品界定为一个产品系列。

在定义了产品系列之后，价值流团队的第一项工作就是沿着需要绘制的价值流走一圈，记录下该价值流所涉及的工厂设施、运输路线、产品实现所需经过的每一个过程或步骤、所有的信息流动方式，以及每一个过程或步骤所需要的时间。我们通常建议从顾客处出发，因为这个点是拉动供应链上所有物料流动的起源,并且是唯一的点。只有顾客需要时,产品才应该发生流动;只有顾客认为有价值时,相应的作业活动才应该开始。

产品实现所需要的步骤

以雨刮器为例,产品实现所需的步骤见如下清单。这个清单的最左边列出了该价值流所需的全部 73 个步骤,在"增值活动步骤"一栏则指出了这些步骤中哪些属于增值活动。另外,在该清单的最后,还汇总了实现该产品的总时间(44.2 天)及其中的增值活动总时间(54.7 分钟)。

雨刮器产品实现步骤汇总

	步骤	增值活动步骤	所需时间	增值时间
原材料供应商:密歇根钢厂(迪尔伯恩高地,密歇根)	1. 卷料钢带装车,每周 2 次,以备发运		10 分钟	
运输 1	2. 用卡车将钢带直接运送到 Tonawanda, NY(400 英里)		8 小时	

续表

步骤		增值活动步骤	所需时间	增值时间
二级供应商：Gamma 冲压厂（托纳万达,纽约）	3. 钢带卸货		10 分钟	
	4. 收货,并填具收货单		10 分钟	
	5. 钢带储存		14 天	
	6. 钢带转运至 1 # 冲床处		10 分钟	
	7. 将钢带卷安装到开料辊上,并把钢带端部送入冲床		5 分钟	
	8. 落料	1	1 秒	1 秒
	9. 继续落料至一定批量		4 小时	
	10. 将装有落料半成品的容器转运至储存区		10 分钟	
	11. 落料半成品储存		48 小时	
	12. 将装有落料半成品的容器转运至 2 # 冲床处		10 分钟	
	13. 将落料半成品放入料斗,自动送料装置送料		10 分钟	
	14. 最终成型	2	10 秒	10 秒
	15. 继续成型至一定批量		4 小时	
	16. 转运成型后的部件到储存区		10 分钟	
	17. 部件储存		48 小时	
	18. 将部件转移到喷涂车间		10 分钟	
	19. 将部件挂在喷涂生产线传输带上,依次进行清洗、电镀、喷涂及烘烤工序	3	130 分钟	52 分钟
	20. 取下部件,检验、分选并将零件置于容器中至一定数量		2 小时	

续表

步骤		增值活动步骤	所需时间	增值时间
	21. 转运部件至储存区		10 分钟	
	22. 部件发运前的储存		48 小时	
	23. 每周安排 2 次部件发运		10 分钟	
运输 2	24. 用卡车将部件直接运输至 Harlingen, TX（1900 英里）		96 小时	
一级供应商仓库：Beta 雨刮器厂（哈灵根, 得州）	25. 卸货		10 分钟	
	26. 收货		10 分钟	
	27. 储存		48 小时	
	28. 每日备货，并装上卡车准备发运		10 分钟	
运输 3	29. 用卡车直接运送到 Reynosa, Mexico（50 英里, 包含排队等候边境检查）		6 小时	
一级供应商组装厂：Beta 雨刮器厂（雷诺萨, 墨西哥）	30. 收货，并转运至储存区		10 分钟	
	31. 在进货区储存		48 小时	
	32. 从储存区转运至第一道组装工序		10 分钟	
	33. 在第一道组装工序储存		8 小时	
	34. 插入雨刮支架，并用销子固定	4	10 秒	10 秒
	35. 继续组装，直至达到一定批量		4 小时	
	36. 将分组件转移至第二道组装工序		10 分钟	
	37. 在第二道组装工序储存		8 小时	
	38. 将刮水柄安装至分组件	5	10 秒	10 秒

续表

	步骤	增值活动步骤	所需时间	增值时间
	39. 继续组装,直至达到一定批量		4 小时	
	40. 将组件转移至第三道组装工序		10 分钟	
	41. 在第三道组装工序储存		8 小时	
	42. 将雨刮片安装到刮水柄组件上	6	10 秒	10 秒
	43. 继续组装,直至达到一定批量		4 小时	
	44. 运送部件到检验、测试和包装工位		10 分钟	
	45. 在检验和测试工位储存		8 小时	
	46. 检验、测试及包装		20 秒	
	47. 继续包装,直至一定批量		4 小时	
	48. 将部件运送到发货区		10 分钟	
	49. 等待装运前的储存		12 小时	
	50. 将部件装上卡车,以备每日发运		10 分钟	
运输 4	51. 用卡车将部件运输至 Harlingen, TX(50 英里,包含排队等候边境检查)		6 小时	
一级供应商越库仓储:Beta 雨刮器厂(哈灵根,得州)	52. 卸车		10 分钟	
	53. 越库作业		10 分钟	
	54. 配货		12 小时	
	55. 每日重新装车,以备发运		10 分钟	

续表

	步骤	增值活动步骤	所需时间	增值时间
运输 5	56. 卡车沿着有多个配送点的路线将产品运送到 El Paso, TX（800 英里）		96 小时	
汽车总装厂越库仓储：Alpha 汽车公司（埃尔帕索,得州）	57. 卸车		10 分钟	
	58. 越库作业		10 分钟	
	59. 等待配货		12 小时	
	60. 每日重新装车,以备发运		10 分钟	
运输 6	61. 用卡车将部件直接运送至 West Orange, NJ（2200 英里）		96 小时	
汽车公司 State Street 总装厂：Alpha 汽车公司（西奥伦治,新泽西）	62. 收货		10 分钟	
	63. 转运至储存区域		10 分钟	
	64. 储存		48 小时	
	65. 转运至配套区 kiting area		10 分钟	
	66. 转移到总装线旁待用区 assembly bins		10 分钟	
	67. 使用前的储存		2 小时	
	68. 将雨刮柄组装到雨刮臂上	7	1 分钟	1 分钟
	69. 将装有雨刮柄的雨刮臂安装到汽车上	8	1 分钟	1 分钟
	70. 车辆下线及测试		10 分钟	
	71. 成品车储存		12 小时	
	72. 将成品车装上火车,以备每日发运		2 小时	
运输 7	73. 用火车将成品车运送到 Cleveland 配送中心（500 英里）		12 小时	

产品实现步骤汇总信息

	合计	增值部分合计
步骤	73	8
时间	44.2 天	54.7 分钟

距离　在至少七次大的运输过程中，共移动了 5900 英里的距离

学会区分增值活动和浪费

在记录下产品实现的所有步骤后，将增值活动及其对应的时间从那些存在浪费，但当前必需的活动中区分出来，这种能力显得尤为关键。价值流小组必须做的改善工作就是如何去缩小产品总的生产时间和增值活动时间之间的巨大鸿沟；必须抓住的要点就是逐步消除产品实现总的步骤数和增值活动步骤数之间的巨大差异。

因为区分增值活动和浪费是如此重要，所以我们经常遇到一些读者和听众担忧自己对各类活动进行正确分类的能力，对此我们并不感到惊讶。但其实方法相当简单，你只需让自己站

在消费者的角度，并问一个问题：如果减少某个步骤及其对应的时间，你到底是愿意付出更少的钱就得到该产品，还是会降低对该产品的满意度？

就本书中 Alpha 汽车总装厂将雨刮器安装到车身上的案例而言，答案十分清楚。消费者显然不希望当收到汽车时，在前排座椅上还摆着一套没有安装到车上的雨刮器。在这种情况下，由 Alpha 汽车总装厂将雨刮器装上车身，这最后一道工序对消费者来说就是增值活动。这一道理同样适用于其他七个增值活动，包括冲压金属雨刮臂、喷涂工序以及部件分装工序等。

此外，对于其他一些活动，包括每个工厂内部不同工序之间的大量移动、工厂之间的长距离运输、仓库的储存和越库作业、重复性的产品包装和拆包作业，作为消费者，你是否会因为这些当前必需的活动的减少而对汽车本身感到不满意呢？显然答案是否定的。相反，如果汽车生产厂家能够因为这些活动的减少而更快捷地交付给你心仪的汽车，你肯定或多或少会感到些许的开心。实际上，因为这些活动导致的产品交付延时越长，你越不愿意为此"埋单"。这些运输、包装、检验和仓库作业不仅没有创造价值，反而在消耗价值。

绘制一幅有效的价值流图

对于前面列出的产品实现步骤清单,已经根据浪费还是增值活动的属性进行了分类,它极大地帮助了价值流小组成员识别出消除浪费的巨大机会。在本案例中,增值时间占产品实现总时间的极低比率(增值时间共 54.7 分钟,占产品实现总时间 63698 分钟的 0.09%)、增值活动步骤数占产品实现总步骤数的低水平百分比(总共 73 个步骤中仅有 8 个属于增值的步骤,占 11%),以及超长的移动距离(5900 英里),反映的是目前世界上非连续生产产品的一个普遍水平,而并非一个例外。无论绘制哪个价值流图,看到的都会是类似的比率。

不过,为了让这些信息产生作用,我们还需要对其进一步简化,并以某种形式呈现出来,以便经理们更容易理解和采取行动。最好的方法是将这些信息依照产品实现所经历的机构和运输联系进行分类汇总。需要再次强调的是,这项工作必须从供应链价值流图最下游的客户处开始。本案例中,客户是 Alpha 汽车公司的配送中心,它通过汽车零售商获取最终客户的需求信息。我们用一个机

```
      Alpha公司
       配送中心

    Cleveland, OH

    960/ 天
    640A
           426ST
           214HT
    320B
           213ST
           107HT
```

现状图从客户着手

构的图标在价值流图的右边表示出配送中心。在机构的图标下面，再画一个数据箱，并在其中记录下客户对于产品尺寸和发运周期的要求信息。

需要注意的是，这个配送中心是一个越库作业中心，成品车在这里被重新进行分类组合，然后以最快的速度送往北美地区几个大的区域仓储中心，之后再从那里送到经销商处，并最终交付到客户手中。我们绘制的这个中等程度视野的价值流图实际上并没有包含供应链的这一部分过程。而在将来，绘制整个供应链的价值流图可能对于我们而言更有价值。

从最初的原材料一直到 Alpha 汽车公司的配送中心，该雨刮器产品系列分别经过了位于不同地理位置的七个组装、制造、仓库和越库仓储机构，它们分别是：

● 位于新泽西州西奥伦治的 Alpha 汽车公司（State Street）总装厂；

● Alpha 汽车公司越库仓储，位于得州埃尔帕索，接收来自多个供应商的多种零部件；

● Beta 雨刮器厂越库仓储，负责将来自内部几家不同工厂的产品交付给多家客户，其地址位于得州哈灵根；

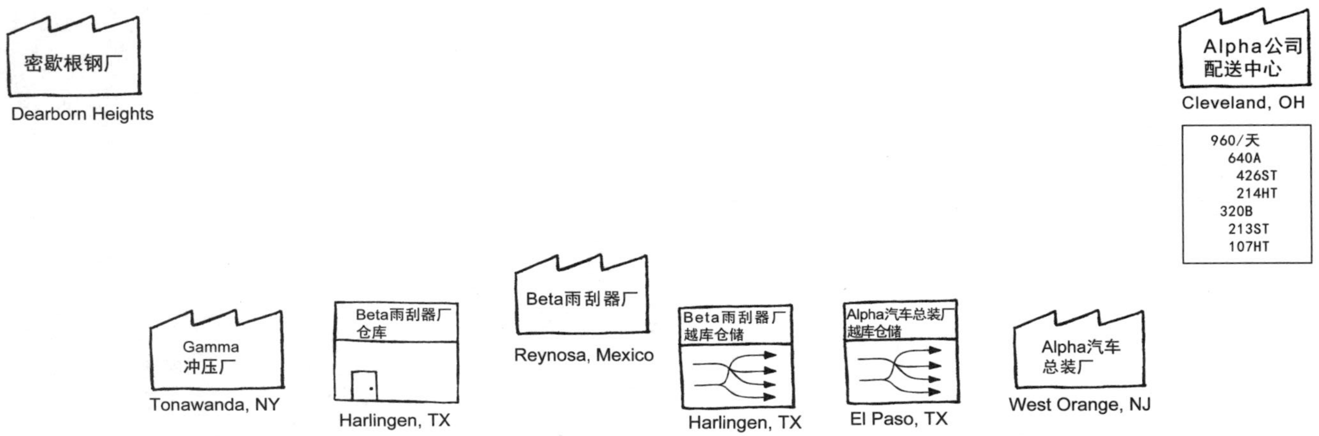

Alpha公司配送中心	
Cleveland, OH	
960/天	
640A	
426ST	
214HT	
320B	
213ST	
107HT	

Alpha汽车总装厂
West Orange, NJ

Alpha汽车总装厂越库仓储
El Paso, TX

Beta雨刮器厂越库仓储
Harlingen, TX

Beta雨刮器厂
Reynosa, Mexico

Beta雨刮器厂仓库
Harlingen, TX

Gamma冲压厂
Tonawanda, NY

密歇根钢厂
Dearborn Heights

展示了供应链上所有工厂的现状图

- 位于墨西哥雷诺萨的 Beta 雨刮器厂；

- 位于得州哈灵根的 Beta 雨刮器厂零部件仓库；

- 位于纽约州托纳万达的 Gamma 冲压及喷涂工厂；

- 密歇根钢厂服务中心，位于密歇根州迪尔伯恩高地。

在本书中，用到了两个在《学习观察》一书中未曾涉及的新的机构图标。一个是"**越库仓储**"图标，它表示产品在这里并未实际储存，而是直接从来货的车辆上转运到另一个往外地发货的车辆上。另外一个是"**仓库**"的图标，它所代表的设施主要用来储存和分拣进货产品，然后再将这些产品送往下一个使用点。（本书中用到的图标都展示在了附录中，每个图标的具体解释详见附录。）在价值流图的绘制过程中，你可能需要或者想为本案例中尚未涉及的某些活动专门创建一些其他图标，那么你需要确保在供应链价值流图中，每个人都使用相同的图标以代表同样的意义。

很快你就会发现，如果没有在工厂层级的价值流图上描述出产品流经不同制造设施时的详细现状，你就根本无法成功地收集和汇总改进价值流所需的信息。正因如此，掌握《学习观察》一书中描述的知识成了进行供应链价值流图绘制的先决

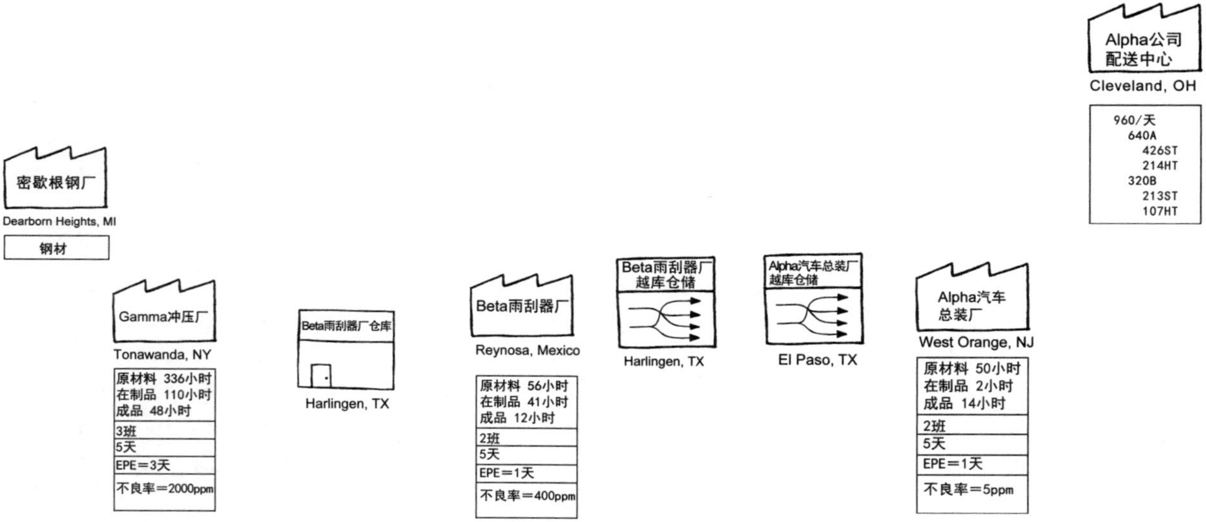

Alpha公司配送中心
Cleveland, OH
960/天
640A
426ST
214HT
320B
213ST
107HT

Alpha汽车总装厂
West Orange, NJ
原材料 50小时
在制品 2小时
成品 14小时
2班
5天
EPE=1天
不良率=5ppm

Alpha汽车总装厂越库仓储
El Paso, TX

Beta雨刮器厂越库仓储
Harlingen, TX

Beta雨刮器厂
Reynosa, Mexico
原材料 56小时
在制品 41小时
成品 12小时
2班
5天
EPE=1天
不良率=400ppm

Beta雨刮器厂仓库
Harlingen, TX

Gamma冲压厂
Tonawanda, NY
原材料 336小时
在制品 110小时
成品 48小时
3班
5天
EPE=3天
不良率=2000ppm

密歇根钢厂
Dearborn Heights, MI

钢材

展示了所有工厂及数据箱的现状图

条件。

注意，供应链价值流图中每一个机构图标下面的数据箱内包含库存信息（原材料、在制品、成品）、有效生产时间（每日班数及每周工作天数）、生产循环周期信息（每种产品在间隔多长时间后再进行下一次的生产，譬如"EPE = 1 天"表示每一天生产一轮每一种零件），以及来自下一过程的客户（或者客户设在发运点处的质量检验员，就像 Alpha 汽车总装厂的发运质量检验员）对质量不良信息（以 ppm 表示）的反馈。

读者可以通过美国精益企业研究院（LEI）网站上本书的主页（www.lean.org/stwvs）下载包括 Alpha 汽车总装厂、Beta 雨刮器厂和 Gamma 冲压厂三个生产工厂的设施层级的价值流现状图，以及本书涉及的所有图例的大尺寸版本。

Alpha 汽车总装厂和 Beta 雨刮器厂越库仓储及 Beta 雨刮器厂零部件仓库的机构层级价值流图并没有在本书中绘制出来，一部分原因是想把这幅供应链价值流图的绘制范围控制在一个合理的程度上，另一部分原因是希望在逐步向未来状态过渡的过程中，尽力去消除这些设施。然而，要是在供应链价值流可能的未来状态中，需要有大型的配送中心或者越库仓储存在的话（例如，对于售后服务使用的产品），那就必须同时画出它们对应的机构层级价值流图,以帮助在供应链价值流图中改善它们的业绩。至于哪些机构值得绘制机构层级价值流图,以及需要的详细程度,这是一个涉及判断的问题。所以,随着经验的积累和面对环境的不同,你需要随时准备好去调整自己在这方面的思路。

质量过滤图

当我们去查阅不同工厂的数据箱内的数据时,就会发现一个值得进一步去研究的趋势。在 Alpha 汽车总装厂,如果基于来自 Alpha 汽车公司分销中心人员在汽车发运前的检查结果,安装到车上的雨刮器的不良率是 5ppm。(因为 Alpha 汽车总装厂每年组装 25 万辆汽车,每辆车上有 2 个雨刮器,所以这相当于每年在汽车发运前的终检工序会发现 2~3 个不良品,而这些不良品通常都只是存在些许划痕。)

不过,我们再回头看看 Beta 雨刮器厂的不良率,依照 Alpha 汽车总装厂的判定结果,其结果是 400ppm。与之类似,Gamma 冲压厂的不良率为 2000ppm,而最上游的密歇根钢厂的不良率则飞升到了 10000ppm。

简单来讲，在当前的每一个行业都存在一个共同的现象，那就是沿着价值流向上，质量水平逐渐变差。换句话说，为了达到 500ppm（接近六西格玛水平 3.4ppm）的质量水准，这个产品经过了价值流上各级设施的层层质量过滤，而每一次过滤都伴随着废品的损失和检验的费用。在未来状态图中，质量过滤图的斜度肯定可以得到改善。需要强调的是，仔细了解质量过滤图斜度的现状，对于帮助我们理解如何实现质量改善有重要的作用。因此，我们推荐在价值流的当前状态图中绘制一幅质量过滤图。

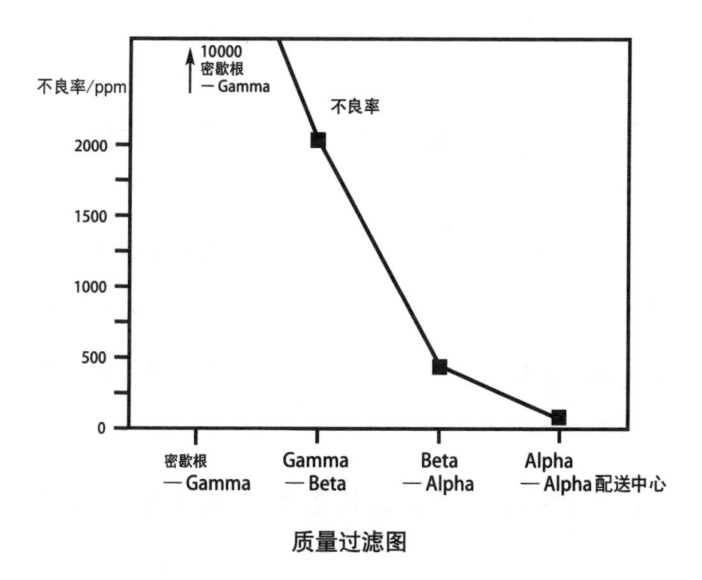

质量过滤图

画出供应链的运输联系

在机构层级价值流图绘制完成，并且将相应数据汇总到供应链价值流图的数据箱后，下一步工作就是绘制机构之间的运输联系了。为了完成这项工作，除了要用到《学习观察》一书中涉及的卡车图标外，还会使用轮船、列车和飞机的图标。在本案例中，我们使用"**带虚线的飞机图标**"代表紧急空运，而用"**带虚线的卡车图标**"代表加急卡车运输。在日常运输工具（卡车或火车）图标处的数字表示的是运输频次（例如："1×天"代表每天运输一次），而紧急运输工具图标处的数字，则记录了上一年度这些花费高昂的运输方式的发生次数（例如："2×年"表示一年两次）。

有了这些数据后，就可以用宽箭头标记画出设施之间的物流路线了。因为产品的流动是基于信息中心的指令，而不是取决于下游设施的实时需求，所以这些箭头都是带有条纹的、代表"推式"流动的箭头。对于每一个运输联系，我们都记录下了产品移动的英里数、发运批量大小以及由客户统计并报告的交付差错率。

价值流团队在运输联系绘制过程中会有新的发现，那就是交付差错率沿着运输路线发生变化的趋势——这里提到的"交付差错率"包括推迟交付、过早交付以及不正确交付(零件品种或数量错误)占所有交付次数的比率。越处于供应链的上游，交付差错率越大，这种现象在目前的大多数行业都普遍存在，而且和质量过滤图中不良率的变化趋势十分相似。因为每一次交付差错都会给下游工厂带来成本损失及对生产进度的影响，交付差错率同样值得我们在未来状态图中进行改进。为了简化起见，我们将交付差错率和质量不良率画在了同一幅图上，并命名为"质量及交付过滤图"，放在供应链价值流现状图的右下角位置。

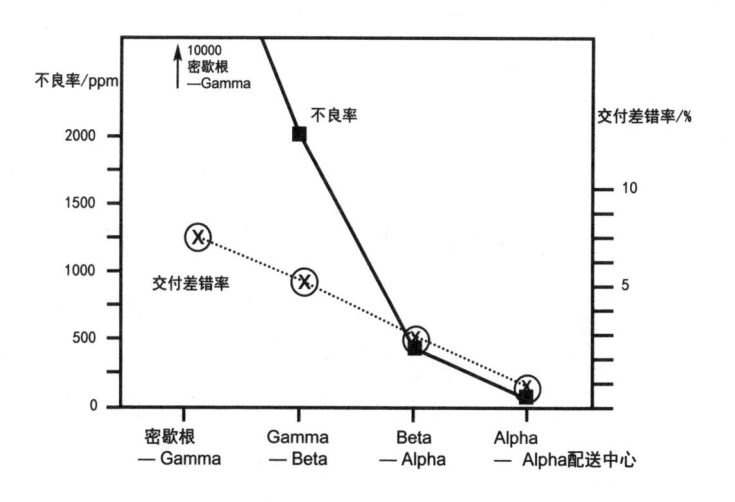

质量及交付过滤图

时间—步骤信息汇总线

最后，我们可以沿着供应链价值流图的底部总结出一条时间—步骤信息汇总线。用每段线**上面**的第一个数字代表产品流经每个机构或者在每次运输联系中所需花费的时间，而其后括号中的数字对应的则是相应范围内的增值时间；每段线**下面**的数字表示产品在每个机构或每次运输联系中所需要的活动（步骤）数量，同样，其后括号中的数字对应的是相应范围内的增值活动（步骤）数。需要注意的是，供应链价值流图所需的、对应每个机构的时间和活动（步骤）信息，均可在单个机构的价值流图的时间线汇总数据箱中找到。

画出信息流

到目前为止，供应链价值流团队已经完成了该产品系列的物流路线绘制工作，但是这仅仅完成了价值流图绘制工作的一半。原因很简单：如果没有来自客户的需求信号，任何产品都不会流动，或者说至少不应该流动。因此，我们必须回到供应链价值流图的右上角，从客户处开始，画出订单和生产信息一步步向上游工厂流动的状况。

不过，需要提醒大家的是，信息流的绘制工作其实是整个供应链价值流图绘制工作中最具难度的一部分。在大多数公司内，销售、生产及运营部门之间的沟通效果通常十分有限，而能够充分理解这三个部门的信息管理方法的经理少之又少。当需要在供应链价值流图上画出各家公司内部销售、生产及运营部门之间及不同公司之间复杂的信息流时，很少有产品价值流经理能够在这些信息的宏观管理上掌握足够的知识。

基于这种实际情况，信息流的绘制应该从订单发出的位置开始，沿着订单流从一个部门到另一个部门，从一个信息管理系统到另一个信息管理系统，从供应链最下游的公司开始，逐步向上游的供应商移动。记住，要用铅笔去绘制信息流，并随时在手边放一块橡皮以便进行修改时使用。另外，因为大多数机构和IT部门并没有现成的信息流信息，所以，如有可能应尽量在绘制信息流之前向他们提出要求，索取相关信息。

为了完成供应链价值流图的信息流绘制，需要用到一个额外的**生产控制中心**的图标，这种图标类似一个计算机终端的形状。首先需要绘制的是Alpha汽车公司销售订单中心，在这里，所有的订单信息被汇总并收集到一起（在信息流中以收件箱的图标显示）。这些从经销商处获得的信息会被保存在Alpha汽车

供应链价值流的现状图

密歇根钢厂
Dearborn Heights, MI
钢铁卷料
每周2次
每年6次

Gamma冲压厂
Tonawanda, NY
原材料 336小时
在制品 110小时
成品 48小时
500英里
3班
运输批量=72卷
5天
EPE=3天
交付差错率=8%

每周2次
每年2次
不良率=2000ppm
1500英里
运输批量=36托盘
交付差错率=6%

Beta雨刮器厂仓库
Harlingen, TX
4.0天
2.0天
100英里
运输批量=12托盘
交付差错率=6%

每天1次
每年5次

Beta雨刮器厂
Reynosa, Mexico
原材料 56小时
在制品 41小时
成品 12小时
2班
5天
EPE=1天
交付差错率=6%
不良率=400ppm

每天1次
100英里
运输批量=6托盘

	0.3天	20.6天(3131秒)	4.0天	2.0天	0.25天	4.6天(30秒)	0.25
步骤	2	21 (3)	1	4	1	21 (3)	1
总步骤=73							
增值步骤=8							

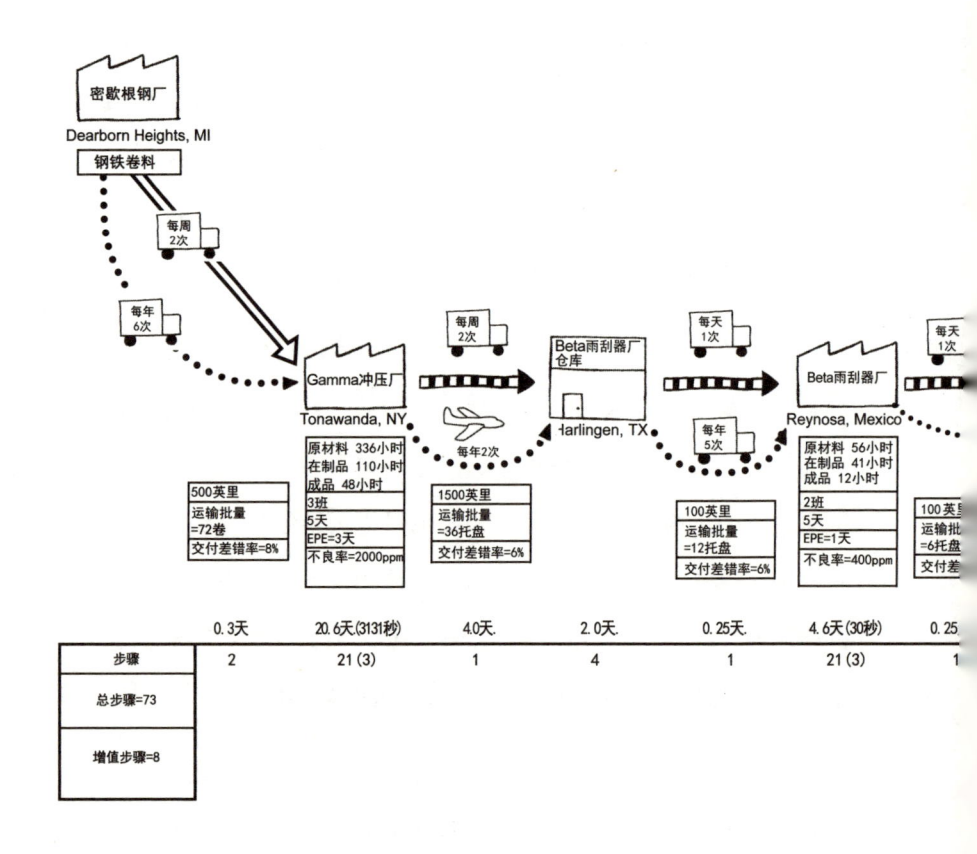

供应链价值流的现状图

展示了所有机构、运输联系、不良率以及交付差错率和时间—步骤信息汇总线

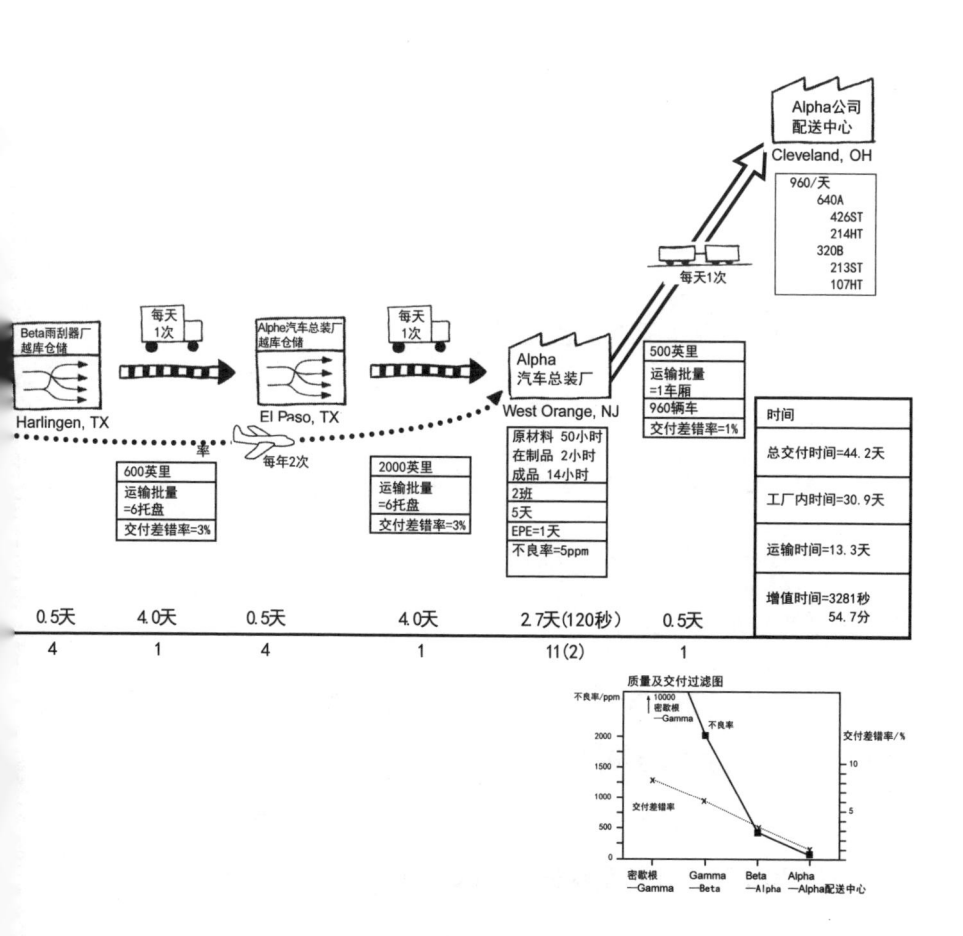

供应链的价值流现状图

图表说明

Beta雨刮器厂 越库仓储
Harlingen, TX

600英里
运输批量=6托盘
交付差错率=3%

每天1次

Alphe汽车总装厂 越库仓储
El Paso, TX

每年2次

2000英里
运输批量=6托盘
交付差错率=3%

每天1次

Alpha汽车总装厂
West Orange, NJ

原材料 50小时
在制品 2小时
成品 14小时
2班
5天
EPE=1天
不良率=5ppm

500英里
运输批量=1车厢
960辆车
交付差错率=1%

每天1次

Alpha公司 配送中心
Cleveland, OH

960/天
640A
426ST
214HT
320B
213ST
107HT

时间
总交付时间=44.2天
工厂内时间=30.9天
运输时间=13.3天
增值时间=3281秒
54.7分

时间轴：
0.5天 | 4.0天 | 0.5天 | 4.0天 | 2.7天(120秒) | 0.5天
4 | 1 | 4 | 1 | 11(2) | 1

质量及交付过滤图

不良率/ppm
10000
密歇根—Gamma
2000
不良率
1500
1000
500
交付差错率
密歇根—Gamma | Gamma—Beta | Beta—Alpha | Alpha—Alpha配送中心

交付差错率/%
5

第二部分　供应链的价值流现状图　／　059

公司的销售订单中心，直到召开每周的销售计划会时才正式确定进入系统的订单需求并予以发布。接下来，订单信息逐级向上游发布，依次经过以下公司和部门：

- Alpha 汽车公司总部生产控制中心
- Alpha 汽车总装厂生产控制中心
- Alpha 汽车总装厂物料控制部门
- Beta 雨刮器厂总部生产控制中心
- Beta 雨刮器厂生产控制中心
- Gamma 冲压厂总部生产控制中心
- Gamma 冲压厂生产控制中心
- 密歇根钢厂服务中心的生产控制中心

在几乎所有制造型企业中，销售和生产控制部门都会向上游的供应商发布一系列预测、计划及生产订单。以汽车行业为例，典型的情况是通常会有 3 个月的预测、1 个月的滚动计划、**每周的确定生产计划及每日发运通知单**。在本书的案例中，最重要的信息是每周的确定生产计划及每日发运通知单，因为实际上是这两种信息确定了整个供应链上各个机构内部的生产和各个机构之间的发运，我们需要将这些信息流都绘制到供应链价值流图上。

如果以每周生产计划为基准，采取之前在绘制物流路线时类似的做法，记录下所有的信息处理，我们就会整理出如下的一个供应链上的信息处理步骤清单。

供应链价值流目前需要的信息处理步骤清单

	步骤	延迟*
Alpha 汽车总装厂的生产信息	1. 经销商订单信息在销售订单中心，等候处理	10 天
	2. 销售订单中心发布每周订单	
	3. 在 Alpha 汽车公司总部生产控制中心等候处理	14 天
	4. 向 Alpha 汽车总装厂发布每周生产需求	
	5. 在 Alpha 汽车总装厂生产控制中心等候处理	6 天
	6. 发布每日生产排序通知单	
Beta 雨刮器厂生产信息	7. 周订单从 Alpha 总部传递到 Beta 总部	
	8. 在 Beta 总部生产控制中心等候处理	6 天
	9. 将周生产需求发送到 Beta 雨刮器厂	
	10. 在 Beta 雨刮器厂生产控制中心等候处理	6 天
	11. 发布周生产计划	
	12. Beta 雨刮器厂通过其仓库发布每日生产订单	
	13. Alpha 汽车总装厂物料控制部门将每日需求信息传递给 Beta 雨刮器厂	
	14. Beta 雨刮器厂生产控制中心发布每日发运通知单	

续表

	步骤	延迟*
Gamma 冲压厂的生产信息	15. 周订单从 Beta 总部传递到 Gamma 总部	
	16. 在 Gamma 总部生产控制中心等候处理	14 天
	17. 将周生产需求发送到 Gamma 冲压厂	
	18. 在 Gamma 冲压厂生产控制中心等候处理,进行订单排序	6 天
	19. 发布周生产计划	
	20. Beta 雨刮器厂每周两次将对应的需求信息传递给 Gamma 冲压厂	
	21. Gamma 冲压厂生产控制中心每周发布两次对应的发运通知单	
密歇根钢厂的发运信息	22. 周订单从 Gamma 总部传递到密歇根钢厂	
	23. 在密歇根钢厂等候处理	14 天*
	24. Gamma 冲压厂每周两次将对应的需求信息传递给密歇根钢厂	
	25. 密歇根钢厂每周发布两次对应的发运通知单	
	总的信息处理步骤	25 步
	从信息处理的第一步直到最后一步所经历的时间(沿最长的信息流路径)	58 天
	实际的信息处理时间(假设每个 MRP 过程均运行一个整晚)	8 晚

* 所有的信息传递都是以电子方式进行,并且本质上是实时完成的。

信息的价值

在统计信息处理步骤时,我们并没有像统计产品实现步骤那样,将信息处理步骤分为"增值"和"浪费"。其中的原因在于，站在最终客户的角度，任何信息处理的步骤都是不增值的。为了证实这个可能相当令人震惊的论断，只需要自问，如果在没有对生产和物流信息进行管理的情况下，产品仍然能够按照订单的要求交付到你的手中，你是否会因缺少对信息的管理而对产品本身觉得不满意？显然答案是否定的。事实上，如果能够因为消除了信息管理而使自己从获得的成本节约中受益，你一定会感到更加满意。然而，在自动信息管理的新时代，大部分经理已经默认了一种观点，那就是有信息是好的，信息越多则越有利，而最佳的情况是获取所有可能的信息。实际上，所有用于运营控制的信息都是必要的浪费（第一种类型的浪费）。经理们应该最大限度地减少对信息的需求，而不是最大限度地提供可用信息。在未来状态图及理想状态图中，我们将向大家展示如何达到这个目标。

在供应链价值流图的顶部，周订单信息流经各家公司的总部。与此同时，相应的信息也从各家公司的总部流向对应工厂的生产控制中心，并在那里确定各工厂每周的生产计划。举例来说，Alpha 汽车总装厂生产控制中心从 Alpha 汽车公司总部获取计划信息，然后通过其物料需求计划系统（MRP 系统）（平均有 6 天的延迟）为总装工厂制订提前 6 天的滚动计划。该滚动计划经过了充分的排序（例如，先生产蓝色 A 车型，配以豪华型雨刮器，然后生产绿色 B 车型，配以标准型雨刮器）并考虑了生产线平衡的限制（例如，因为部分工位进行 A、B 车型的组装工作量有很大的差异，所以在不造成部分工位超负荷的情况下，A、B 车型各自连续下线的数量就有了一些限制）之后，该计划被正式下发给 Alpha 汽车总装厂生产车间。

生产计划在被发放给各个工厂的生产车间的同时，也经过工厂的物料控制部门，同时被以每日发运通知单的形式发送到上游工厂。发运通知单明确了上游工厂在下一次取（送）货时可以交付给下游客户的不同零件的精确数量，而该发运数量是基于已知的订单交付期和下游工厂当时持有的在库库存得出。

显而易见，对每个工厂而言，有两种分割的信息流输入，包括从每个工厂生产控制中心得到的周生产计划和从客户处得到的每日发运信息。通常情况下，这两种信息流并非完全同步，于是，第三种信息流应运而生，这就是下游工厂物料搬运部门和上游工厂发运部门之间的直接信息沟通。

这种直接的信息交流通常是相互之间的电话联络。只要某个信息流两端的经理们不严格执行发运计划和生产计划，它就会取而代之，成为控制实际生产和发运作业的信息系统。在这种情况下，经理们通常基于他们对要货缺口的直接观察，并且凭经验作出进一步的反应。我们将这些信息流用虚线和紧急沟通图标（一部老式电话机）的形式绘制在供应链价值流图上（参见第66页）。

关于订单数据的警告

在逐步绘制向上游传递的信息流时，不要将来自客户的正式订单数量和上游工厂的实际生产数量混淆。正确的做法是，收集每个工厂一段时间内每天的实际生产数量，并将其与客户以发运通知单形式提供的每日需求进行比较，这样就可以看出两者之间的关系以及各自数量上的波动。令我们惊讶的是，公司在记录应该生产和发运的信息方面已经做得很有一套，但通常在记录并保留实际生产和发货数量方面做得并不好。所以，为了获得机构级的生产和发运绩效信息，你可能需要采取进一步的措施，甚至指定一名观察员来收集准确的信息。通过这项工作所获得的信息，对于达到未来状态将起到不可估量的作用。

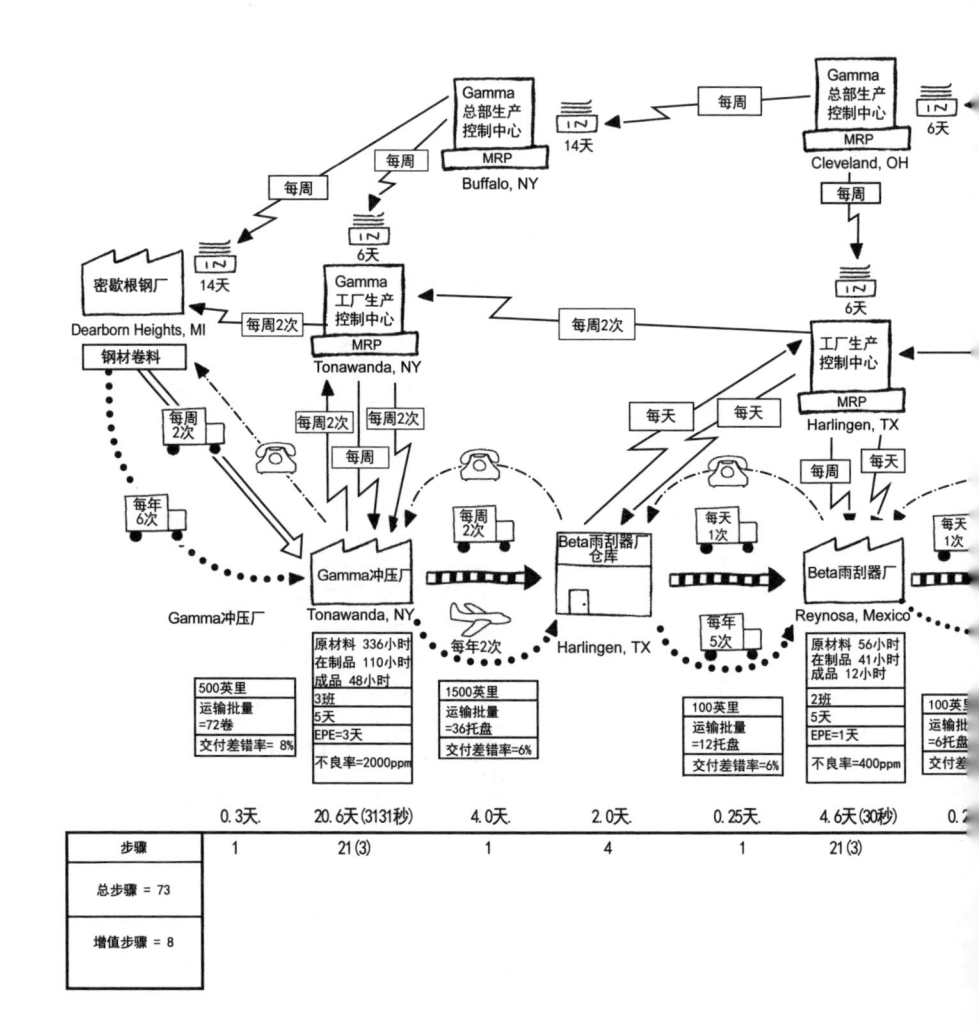

展示了信息流的现状图

第二部分 供应链的价值流现状图

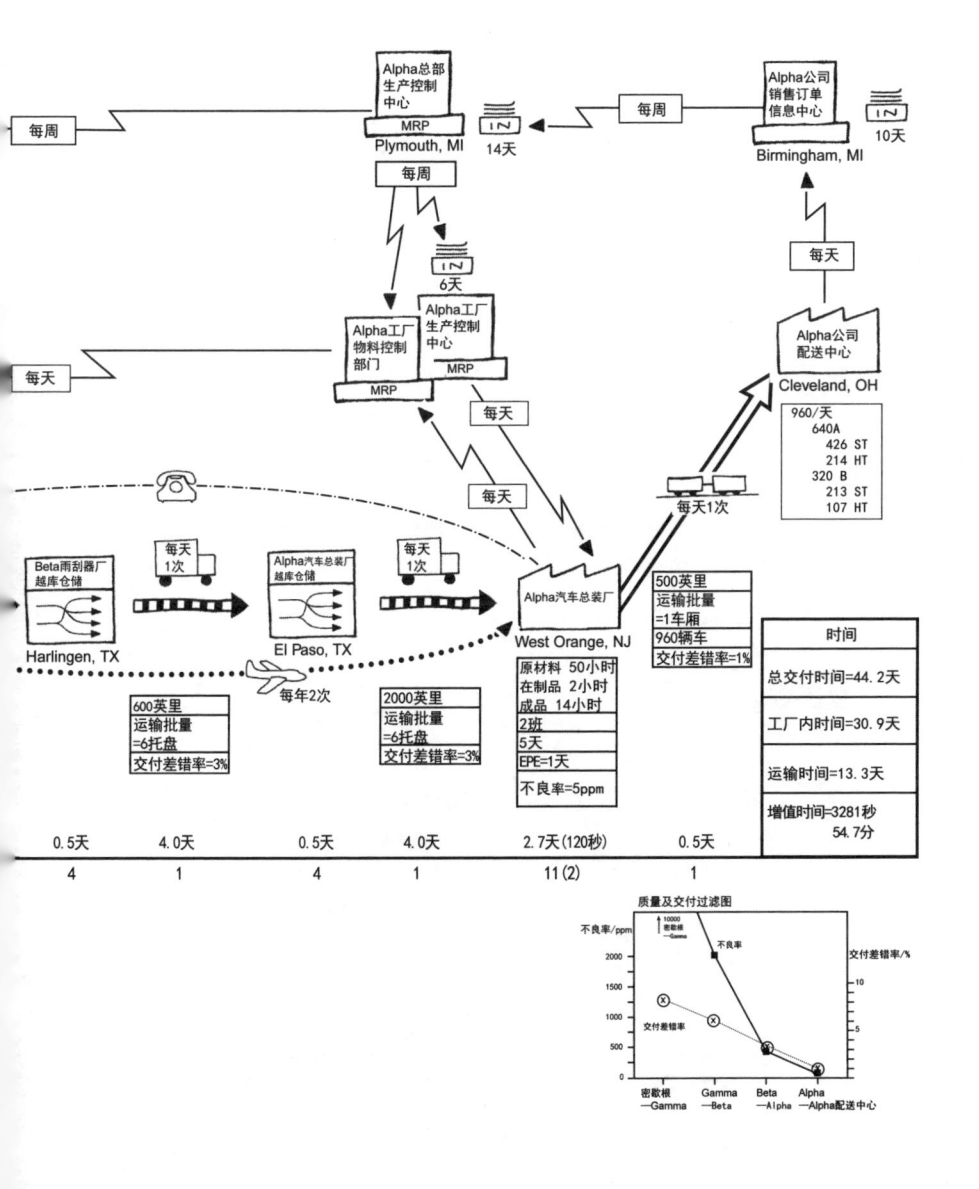

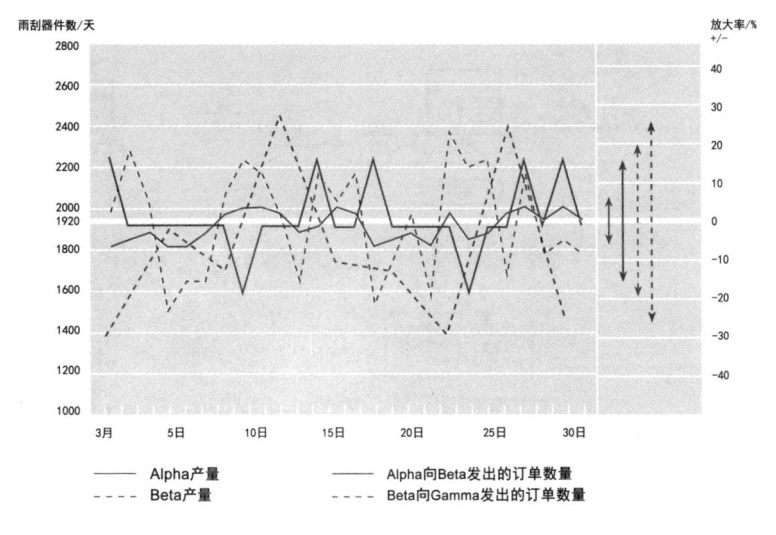

包含了 Beta 雨刮器厂的需求放大图

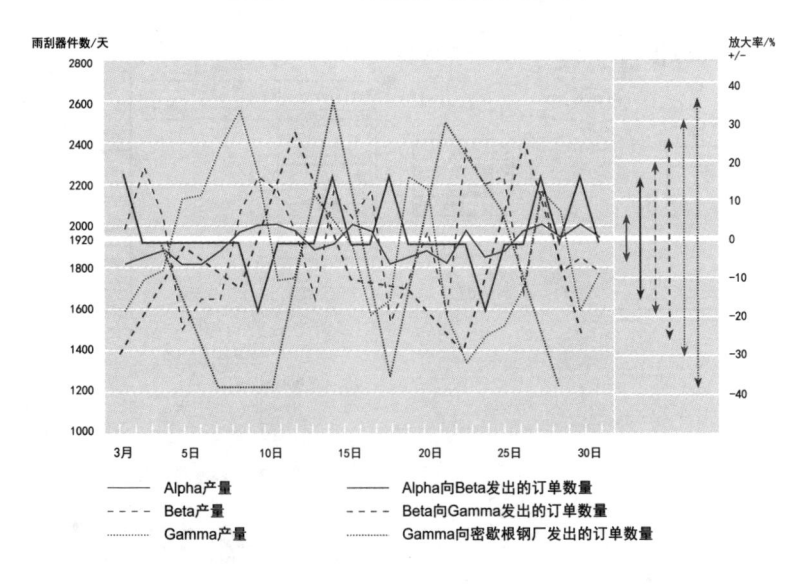

现状的需求放大图

需求放大效应

过去一年里，Alpha 汽车公司销售订单中心一直将发送给 Alpha 汽车公司总部生产控制中心的周订单的数量稳定在每天 960 辆、每周 5 个工作日的水平上。而由 Alpha 汽车公司总部生产控制中心发送给 Alpha 汽车总装厂生产控制中心和 Beta 总部生产控制中心的周订单数量也一直保持在均衡的水平。

但是，生产实际的数量和计划之间还是存在差异。造成差异的原因包括质量原因造成的离线返修、油漆车间的问题或者缺件。不过，通过调整生产安排或者适当的加班，Alpha 汽车公司总装厂的每日产量与 960 辆计划量之间的差距始终控制在正负 5% 的范围内，每天组装完成的车辆都通过火车发往 Alpha 汽车公司的配送中心。

同样地，每天 A、B 车型的混线生产比例大概也只有 5% 的波动，不同雨刮器（亚光漆的标准型和镜面漆的豪华型）供应比例的波动也保持在 5% 的范围内。平均起来，A 车型产量占总量的 2/3，B 车型产量占总量的 1/3，标准型雨刮器的需求量占总量的 2/3，豪华型雨刮器的需求量则占总量的 1/3。因此在本案例的供应链价值流图中，客户处的生产和发运数量是相当稳定的。

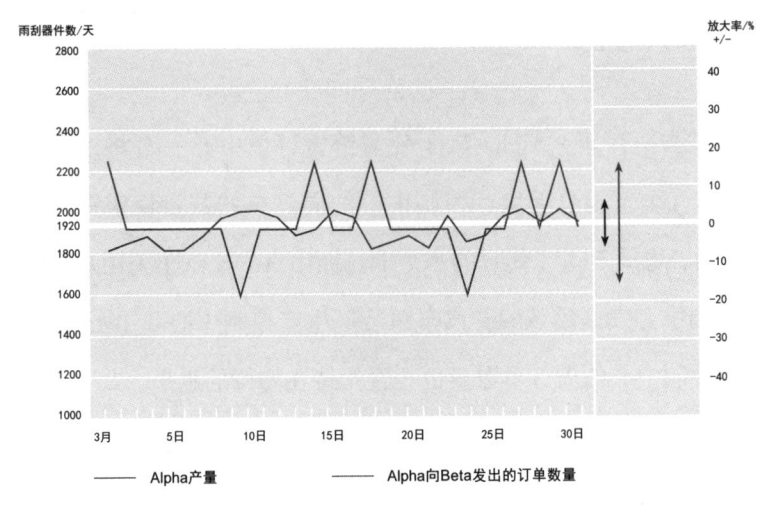

Alpha 汽车厂需求放大图

然而，当把上游企业的生产和订单（发运通知单）数量也画到图上时，明显看到企业的实际生产和订单数量的变化幅度沿着供应链向上逐级显著放大。如下图所示，尽管 Alpha 汽车总装厂的产量只有细微变化，但 Beta 雨刮器厂的产量却发生了幅度大得多的波动。

当我们来到 Gamma 冲压厂考察时，发现这里的变化幅度已经相当大。事实上，在价值流团队到来前的一个月，Gamma 冲压厂发放给密歇根钢厂的订单数量的变动幅度达到了近 40%。利用 Gamma 冲压厂的这个信息，可以完成供应链价值流现状图中的需求放大图（参见下图）。

为了让大家对这个普遍的现象有更清楚的认识，我们将过去一个月来供应链上每个工厂日产量和日发运量的最大变化幅度按顺序画在了一个简化的需求放大图上。这幅简化的需求放大图也会被放到供应链价值流现状图的左上角（参见附图1）。

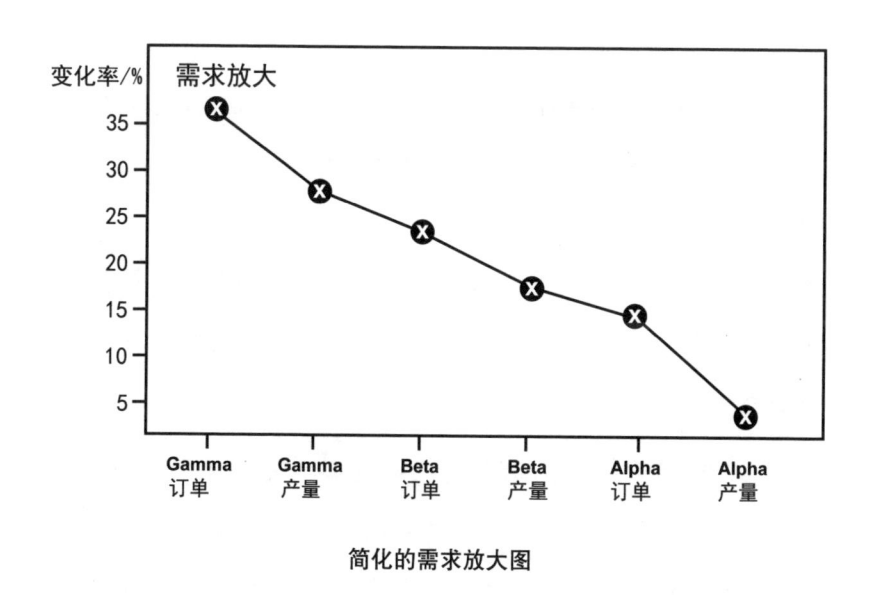

简化的需求放大图

为了应对订单的波动，Beta 雨刮器厂、Gamma 冲压厂及密歇根钢厂要么维持额外的产能，要么储备足够的成品库存，否则就可能常常无法满足下游客户的交付要求。在汽车行业，作为供应商无法及时满足下游客户的交付要求是不可接受的，但额外的工装投资费用又过于高昂，因此汽车行业内的大多数公司，包括 Beta 雨刮器厂、Gamma 冲压厂及密歇根钢厂，通常选择持有一定的成品缓冲库存来确保客户的利益。显而易见，由于需求放大效应，价值流中形成了额外的库存，这也意味着额外的成本。

为何存在这种不断放大的变化呢？其实原因很简单，即在每个工厂（即使是最精益的工厂）内都存在这样或那样的生产问题，每个物流路线上也存在或多或少的运输问题，而对于当前状态及在线库存数量的反馈也从来都不是 100% 准确，加上多品种、小批量的生产和发运方式，必然导致在下游工厂的生产和发运数量产生细微变化时，上游工厂的需求和生产数量会发生大幅变化。

举一种最糟糕的情况作为例子。如果在汽车总装厂发现一件雨刮器不良品，而下次订单的数量刚好已经占满了一个托盘（每托盘 320 件雨刮器），在这种情况下，仅仅为了保证额外一件雨刮器的到货，就必须将下次订单的数量调整为对应 2 个托盘的量，也就是总共 640 件雨刮器。而这种现象会在订单信息向供应链上游传递时被多次重现，产生一种浪涌现象。之所以这种差异会随着供应链向上不断被放大，原因在于在整个供应链上存在共 8 个计划点，而信息延迟的总时间达到了 58 天，每个工厂都基于自身并不准确的预测及来自客户的已过期一周的信息制订自己的计划。这种现象就是麻省理工学院的杰伊·福里斯特（Jay Forrester）于 20 世纪 60 年代提出的著名而可怕的"弗雷斯特效应"，又称"牛鞭效应"。

因为发运和接收货物人员实际了解和执行的订单数量与计算机系统中正式计划和订单数量之间的差异，供应链价值流中的这种不规律性被进一步放大。接下来，随着差异的放大，人们对于计算机计划系统的信心逐渐下降，尽管在 IT 方面已经投入了大量的资金，却有越来越多的计划和订单被改成了手工的形式。

这份供应链价值流图的局限性

供应链价值流小组完成了产品物料流及信息流的绘制后，看起来就应该对所涉范围内的价值流现状图进行一个总结了。本案例中的供应链价值流图并未向下涵盖从分销商到最终客户之间的部分，也没有向上延伸至钢厂，更没有延伸至采矿环节。将这些流程加入到价值流图中无疑会带来一些新的发现，但为了获得企业的相关信息，势必增加大量的时间和费用，若调查相应的企业，价值流小组也很难立即进行改进。不过，即使在目前的范围内，我们的供应链价值流图仍然涵盖了这样一个复杂、冗长的价值流中的相当大一部分，而且向大家展示出了这段流程中很多极有可能改进的机会。

综观全局，我们能看到什么

从供应链价值流图的物流信息中可以看出，为了实现 8 个步骤共 3281 秒（54.7 分钟）的增值过程，必须经过总共 73 个步骤、44.2 天的时间。也就是说，供应链价值流中 99.9992% 的时间和 89% 的流程步骤在当前无法避免，但对客户而言是毫无价值的。

我们可以用交付周期和库存周转次数这两个指标来表达我们的发现：

					交付周期（天数）*		
现状	Gamma 20.6	+	Beta 4.6	+	Alpha 2.7	=	厂内时间 30.9
					+	运输时间 13.3	=	总计 44.2 天
					库存周转次数（年度）**		
	11		49		80		5

* 包括在仓库和越库仓储的 3 天时间。
** 注意，运营简单、业务重复性强（如组装）的机构往往比包含多个大批量操作的机构拥有更高的库存周转次数，单个机构的库存周转次数也比整个供应链的高。

就质量和交付的可靠性而言，价值流末端的 Alpha 汽车总装厂表现不错，仅有 5ppm 的不良率和 1% 的交付差错率，但这个业绩是在经历了供应链价值流一系列的质量和交付过滤，并以高昂的质量成本和大量延迟为代价获得的。至于客户需求的信息，在整个流程上被处理了 17 次，而总共的处理和等待时间达到了 58 天。更值得一提的是，尽管供应链上的信息管理系统表面上看是全自动的，但实际上有 6 个信息中心在直接干预由这个昂贵且复杂的信息管理系统自动产生的订单信息，对接收和发运货物的信息进行调整。即使有了这种干预，仍然无法避免需求放大效应以及为了保护客户而设立的成品缓冲库存随着价值流向上游移动的过程中不断放大的现象（而有时，这种干预也是这些现象产生的部分原因）。

总交付周期时间	增值时间/总时间比例	增值步骤数/总的步骤数增值步骤比例	库存周转次数	最上游企业的不良率/最下游企业的不良率质量过滤指数	最上游企业的交付差错率/最下游企业的交付差错率交付过滤指数	最上游企业的需求变化率/最下游企业的需求变化率需求放大指数	产品移动距离（英里）
44.2 天	0.09%	11%	5	400	8	7	5900

对现状图的总结

最后，我们还必须提及本产品在 44 天实际交付周期及 58 天的信息处理周期内涉及的许多部门和企业的绩效问题。不论运营、生产控制、物流、制造工程、质量和采购这些部门的工作如何有效——它们可能达到了各自的部门目标，但站在价值流的高度来看，这些部门对产品顺畅流向最终客户的服务并不是那么有效。

而且，因为对这些部门和企业而言，他们对待所有流经自身的产品采取的都是一样的流程，所以他们也不大可能在支持和其他产品族相关的活动上做得更好。而我们相信，供应链价值流图绘制过程中职能部门诊断工作将会给企业的长期运营提供最重要的支持，它同时也揭示出在整个价值流上的不同部门之间其实存在好多个彼此断裂的点。

因为以上所有的结果都是由价值流小组直接观察得到的，我们有理由相信，他们所绘制的价值流图就是现状图的一个准确写照。从画出的供应链价值流图上可以看出，为了加速产品的准确交付，同时减少大量的成本浪费，我们有很多的改进机会。在下一部分，我们将向大家展示一个精益供应链价值流的特征，为着手改进做好准备工作。

简单是制胜的法宝

"你认为,使用多大的绘图比例,绘制出的图形会有用呢?"

"用大约 6 英寸表示 1 英里。"

"6 英寸!……我们实际上制作了一幅 1 英里代表 1 英里的地图!"

"我很怀疑你们是否会经常用它?"

"它从来就没有被展开过……农夫们反对那样做,因为地图展开后会盖住整个庄园,挡住阳光!所以现在我们直接使用这个庄园,将它当作地图。我向你保证,这样做不会有任何问题。"

——Lewis Carroll,由 Sylvie 和 Bruno 负责总结

当绘制适合自身产品族的供应链价值流图时,你可能想知道,这幅图应该画到怎样的一个细致程度。我们发现,供应链价值流图的初学者通常会像 Lewis Carroll 所说的"近视"绘图人一样,想在现状图中涵盖尽可能多的细节,为了达到这样的目的,他们甚至在公司的精益作战室里绘制了整个墙面大小的价

值流图。

但是，在供应链价值流图中涉及太多细节的信息会干扰我们改进价值流的思路，因此，我们力劝供应链价值流团队将价值流图保持得越简单越好。为真正达到"综观全局"的目的，同时提升每一个价值流参与者对于供应链价值流的认识，绘制供应链价值流图时，需要将通过供应链价值流的信息汇总在一张 A3 幅面的纸张上。只有这样，才能识别出迅速改进供应链价值流的机会，并激发供应链上的相关企业站在全局的角度，不断优化供应链价值流。

第三部分　如何让供应链精益起来

第三部分　如何让供应链精益起来

精益供应链价值流的几个基本原则

精益供应链价值流的特点

库存的不同形式和应用：建立库存策略

本书后续部分的内容安排

精益供应链价值流的几个基本原则

五十多年前,丰田公司的大野耐一将价值流中的浪费分为七种类型,大家对此可能都耳熟能详。实际上,供应链价值流中的浪费也可以分为同样的类型,因为浪费的类型在单个流程步骤层面上、单个机构层面上及供应链价值流层面上都是相同的。

过量生产——上游在下游需要产品之前完成的产品生产。

质量不良——产品缺陷,和产品相关的记录错误,交付差错。

不必要的库存——为了保证客户需求而准备的额外数量的产品。

不必要的加工——能被消除的不增值活动,比如单独的检验工序,可以被自动化的设备(具有自我监控功能,并能在发现异常时自动停机的设备)替代;又比如在采用了更耐用的模具,并使模具得到较好维护的情况下,清除零件飞边的工序可以被消除。

工厂之间的不必要运输——工厂之间的产品移动,能够通过工厂整合而消除。

等待——通常是操作员在机器自动运行期间等待的时间。

工作场所内的不必要动作——为了获取原材料、工具和作业指导书等而发生的离开其有效工作范围的移动。

当在单个机构层级上,或在机构内的流程层面上绘制价值流图时,我们都会关心**过量生产**,它由该机构内部信息流不畅导致,或者是由于经理们为了达到设备利用率的指标而将生产提前(大野耐一强调,过量生产是最大的浪费)。同时,我们也会仔细研究不必要的加工、质量不良、等待和不必要的动作。

即使在供应链价值流的层面,由于公司及机构之间缺少规律的信息流,过量生产仍然是一个严重的问题。此外,我们现在也非常关注浪费的两种最终表现形式:**不必要的库存**(由于缺少规律的信息流,或者上游工序质量能力欠缺,或者按批量方式组织生产造成)和**不必要的运输**(由于片面追求供应链价值流上单个工厂的绩效优化,而非整个价值流的绩效优化造成)。

减少以上三种形式的浪费将会是供应链价值流未来状态图

的中心问题，而这通常是通过更好地管理供应链价值流中的信息流及其物流过程而达到的。

精益供应链价值流的特点

第一，在整个供应链价值流上的每个单位都应该充分认识到价值流末端的客户对产品的需求节拍。

大家可能都很熟悉"节拍时间"的概念，它表示在可用的生产时间内，客户对单位产品的需求间隔时间。这是一个很有用的概念，因为它让每个人都明确了，为了满足下游客户的需求，应该以怎样的节奏安排生产。不过，需要注意的是，即使在同一价值流上的不同工厂，如果可用的生产时间不同，或者下游产品对上游产品的单套用量超过 1 套时，节拍时间也有可能因工厂而异。在 Alpha 汽车总装厂，其节拍时间是 60 秒（每天在可用的 16 小时生产时间内需要组装 960 辆汽车）。而在 Beta 雨刮器厂，因为每辆车需要 2 个雨刮器，所以虽然同样是每天按 2 班共 16 小时组织生产，其节拍时间却是 30 秒，如果每天只按单班 8 小时组织生产，则节拍时间为 15 秒。由此可以看出，在大多数情况下，价值流上各家企业的节拍时间并不一致。

然而，价值流上的各家企业仍然需要知道最终产品的消耗速率，以便计算各自工厂的对应节拍时间。每一家上游企业的生产速率都必须和最下游产品的消耗速率保持大致相同，只是在其可用生产时间不同或者其下游产品的单台用量超过 1 套时，其生产速率才会相应有所差异。只要供应链上不同企业的生产速率无法保持平衡，就不能说这是一个精益的价值流。

不过，需要明白的是，每家上游企业也不应该死板地以最下游产品当前的需求速率作为自己的生产速率。在如今的电子和网络商务中，还有很多对此有所误解的天真看法，他们认为："既然已经知道了最下游产品的消耗速率，就应该据此安排相应的生产计划。"实际上，价值流上的每家企业应该根据其下游工厂要求的当天下午或者次日的发运计划，来安排当日上午的均衡生产计划。了解最下游产品的实际消耗速率的变化，特别是需求变化放大情况，对于企业生产能力的规划相当重要，但对于控制当日的生产却并非那么有效。

通过比较上游企业的生产速率和下游企业的实际消耗速率，就可以了解生产控制系统向上游发送的信息到底是真实的客户需求（称为"信号"），还是虚报的客户需求（称为"噪声"）。如果噪声较大，也就是产生了许多和真实客户需求无关的"需求放大"（如现状图中所示），那么我们就需要采取相应的措施，以便在未来状态图中消除这种恶性循环现象。

第二，很少的库存。

安全或缓冲库存包括最少数量的：

（1）原材料；

（2）在制品。

之所以需要这些库存，是为了确保在如下几种情况下仍能满足下游客户的需求：

——下游需求的波动；

——上游工序的能力（数量和质量）保证不足；

——由于批量大小与发运数量的差异导致的过程之间的库存。

丰田公司将价值流中为满足客户需求所需的最小库存称为**"标准库存"**。标准库存的数量根据不同类别库存在价值流中的功能计算而来。在丰田公司，他们通过减少批量大小、增加运输频次、均衡需求和提高工序能力等方法，不断降低标准库存。

> **高需求波动性和低工序能力条件下的低库存 = 混乱**
>
> 　　有时我们会面对这样一些精益实施者，他们努力降低价值流上的库存，却没有计算对应于当前客户需求波动和工序能力水平需要的标准库存。迅速降低库存水平可能确实会暴露出问题所在，而且能够使每个人感受到改善的压力，从而更快地采取措施减少波动性和提升工序能力。不过，采取这种激进的做法更有可能导致混乱，当新的"精益"价值流无法保证按质按量地及时交付时，更会带来客户的严重不满。
>
> 　　一个较好的策略是计算出供应链价值流现状图上每一个储存点的标准库存，然后立即着手消除超出标准库存数量的库存。接下来，降低未来状态图中标准库存的数量，通过采取措施减少波动性和提升工序能力。

（关于库存的进一步讨论，请参见 88~90 页。）

第三，生产过程中尽可能地减少运输环节。

　　前面已经提到过，没有客户愿意为产品的移动埋单。相反，如果能够完全按照客户的要求，将产品非常快地交付给客户，他们甚至愿意付出更多的费用。因此，我们需要对每一次产品的移动加以质问：它是否是必需的？当然，如果以空运的方式替代卡车运输，肯定可以显著降低产品交付期，但它同时也会带来高昂的运输成本。因此，通常的做法是尽力消除运输环节本身，而不是加快运输的速度。

第四，信息流动过程中，尽量让它保持原来的信号，而不是干扰的噪声。

这意味着将信息管理职能从组织的较高层级（在距离较远的信息管理中心）下移到生产车间。在生产车间，每一个加工工序或机构能够直接给它的上一个工序或者机构提供信号，告知其即刻的需求。整个供应链价值流的生产运作活动应该只在一个点进行安排。在本书的案例中，就应该只从 Alpha 汽车总装厂的装配生产线这一点，并从这一点向供应链价值流的上游进行物料的拉动。

第五，尽可能短的交付期。

实际上，这一点可能是最为重要的一点。大野耐一经常谈及，丰田生产系统其实就是如何缩短从原材料到客户所需的交付时间。交付周期越短，整个价值流的反应越有可能是针对真实的订单，而不是不准确的预测；而且交付周期越短，就可能越早发现质量、工序稳定性及其他问题，避免因它们而导致一些显著的浪费。

第六，供应链价值流改善的各种措施，包括促进平稳流动、降低库存、消除额外的运输及缩短交付周期所需的成本应该很低，甚至是零成本。

此外，如果这些改进需要资本性支出，那么，必须是在所有简易、低成本的措施都实施完毕之后才考虑。

库存的不同形式和应用：建立库存策略

我们已经定义了三种传统的库存类型，并将它们和按照一种常用的附加分类方法分类的几种库存类型进行了比较（见第90页）。需要注意的是，按这两种不同分类方法定义的库存类型存在相互重合的现象，比如："成品"既可以是"安全库存"，也可以是"缓冲库存"或者"发运库存"。而且，相同的物品（如 Beta 工厂成品区域一个托盘内的雨刮器）也可能归属于多个种类，比如其中一部分划归安全库存，另一部分划归缓冲库存。这种划分的依据主要是各个不同公司或者机构的实际情况。而进行不同类型库存定义的关键在于，供应链价值流小组成员对于这些有时容易混淆的术语在使用上达成一致。

对于库存本身，很重要的是需要在未来状态图中为每一个产品建立针对性的库存策略，明确在特定地点保持一定数量物料和产品作为标准库存的原因。实际上这么做的时候，许多价值流小组决定增加下游靠近计划下达点附近的成品区域的库存水平。这样做可以有效地减少需求变化沿供应链价值流向上不断被放大的现象，同时有助于上游机构将在制品和原材料库存减少到一个很低的水平。也就是说，通过增加一个点上的库存（看起来像是在倒退），有可能减少供应链价值流其他所有点的库存及供应链价值流的整体库存。

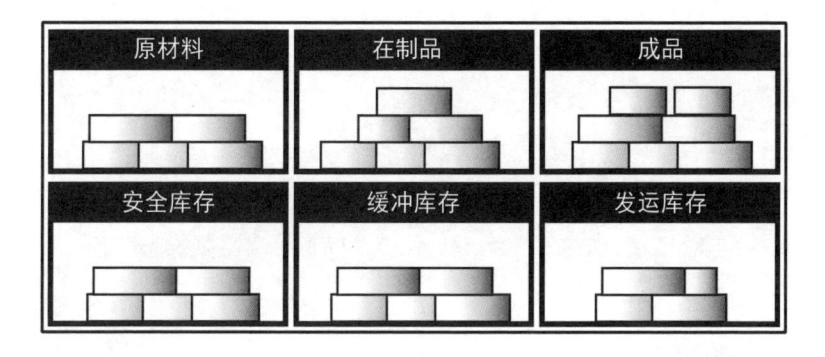

原材料	在制品	成品
安全库存	缓冲库存	发运库存

库存的多种形式

库存的类型

传统分类

按照库存在价值流中的位置分类

原材料

一个机构内未经加工的进货产品。

在制品

一个机构内不同加工步骤之间流转的物品。

成品

一个机构内已经完成所有工序,并等待发运的产品。

附加分类

按照库存在价值流中的作用分类

安全库存

为了防止因上游工序生产能力(数量、质量)问题导致的下游工序缺货而储备的库存产品,可以是原材料、在制品或成品。

缓冲库存

通常是为了防止因客户需求的突然增加而导致的客户需求量超出工序产能,设置在一个机构或工序末端,用以保护客户的库存。

发运库存

处于一个机构的下游末端的发货区,以备下批发运的成品库存。(通常与发运批量大小和发运频次有对应关系)

本书后续部分的内容安排

上述的最后一个原则建议我们，首先使用《学习观察》和《创建连续流》中介绍的方法着手理顺工厂内的产品流。这些方法实际上基本不需要什么资本性支出，而且通过应用这些方法可以使我们达到本书第四部分中所描述的状态，我们称之为**第一阶段未来状态**。

一旦在每个设施内引入了单件流和拉动系统，消除了过程中大量的浪费步骤，就可以开始分析机构之间的物料流和信息流了。通常情况下，通过建立从下游"客户"到上游"生产者"之间的直接信息反馈循环，同时结合均衡生产机制，可以有效地理顺价值流及减少对缓冲库存的需要。这部分内容将在本书第四部分中的**第二阶段未来状态**中进行介绍。注意，订单的平稳拉动机制通常可以在某个产品系列上先予试行，试行期间对流经这些机构的其他产品相关的信息流不产生影响。

随着信息流的理顺及干扰信息的减少，接下来需要通过增加运输频次在供应链价值流各设施之间，以及与下游客户之间逐步减少单次运输的数量。这部分的做法同样会在第二阶段的未来状态中涉及。

频繁的小批量运输需要在供应链价值流的各机构之间引入"循环取货"式（也称"送牛奶"）物流机制。这种机制在实施初期会带来"如何处理多个产品系列之间的关系"的问题，其原因在于，仅仅为下游机构的某一个产品系列组织"循环取货"通常是不太现实的。在这种情况下，一个机构的大部分产品，甚至所有产品，都可能需要实现从非周期性的专车运输到周期性的"循环取货"方式的飞跃。

最后，在达到第一和第二阶段的未来状态后，为了完成"压缩"价值流的目标，开始重新规划和部署供应链价值流相关活动的规模和地理位置就显得十分有意义。这项工作将能够从供应链价值流中大幅地减少非增值活动对应的时间和费用，从而使供应链价值流更接近**理想状态**中近乎完美的状况。

因为供应链价值流的压缩通常要求处于价值流上游 A 企业作出一些投资，而投资所带来的影响可能导致下游 B 企业成本降低，所以，需要决定如何在供应链价值流的各企业之间分配这些投资和收益。在本书第五部分关于理想状态的讨论中，我们将给大家提供一些简单的指导原则。

真正的理想状态将会是一种完美的境况，在这种境况中，所有活动都是增值的活动，没有不良品产生，客户也没有任何抱怨。任何人、任何企业都不可能很快就达到这种完美的状态，但它仍然是一个我们极力想完成的目标。因此，我们需要考虑通过哪种形式的产品设计、生产工艺以及物流路线，去尽可能地缩小和理想状态之间的差距。更为重要的是，设计理想状态的过程会为每一个供应链价值流提供终极目标，协调大家改进的方向，使价值流在其涉及的产品后续更新换代过程中不断趋于完美。

第四部分　第一阶段及第二阶段的未来状态

第四部分　第一阶段及第二阶段的未来状态

第一阶段的未来状态

　　各个机构内部的均衡拉动和流动制造

　　第一阶段未来状态的成果

　　下一步的改进方向

第二阶段的未来状态

　　建立各机构之间的均衡拉动系统

　　需要在受控制的前提下大胆地尝试

　　建立周期性的运输路线

　　结果汇总

第一阶段的未来状态

供应链价值流小组完成现状图的绘制,并就其准确性达成一致后,接下来的关键问题就是:"应该按照怎样的顺序,采取哪些措施,去创建一个更好的未来状态?"根据经验,最容易的是从价值流流经的各个机构内部的未来状态的创建开始。通过绘制并逐步达成《学习观察》一书中描述的未来状态,可以使整个供应链价值流的绩效在短时间内得到真正的改善,从而也使得供应链价值流小组成员对于进一步的改善充满信心。

之所以从这一步开始,还在于它能够对价值流小组的所有参与者主动兑现自己的承诺产生积极影响。绘制供应链价值流现状图是一件十分有意思的事情,但它并不意味着承诺任何真实的改变。只有当你意识到"对于浪费,今天我们应该做些什么"的问题时,难题才真正凸显出来。要想继续供应链价值流的后续改进,必须坚持让每个参与的机构快速实施实实在在的改进,也只有这样,才能使每家企业真正融入价值流。不过,这些改进的阻碍并不是很大,因为要在单个机构内部达到未来状态所需的投资并不会太多。

各个机构内部的均衡拉动和流动制造

接下来的部分，我们展示了 Alpha 汽车总装厂、Beta 雨刮器厂以及 Gamma 冲压厂的未来状态图（参见第 102—107 页；未来状态图以及现状图的大尺寸版本可以通过 www.lean.org/stwvs 下载）。在 Alpha 汽车总装厂，可以消除配套的操作，在接收供应商的产品后就直接将其送到生产线边。同时，还可以在最终的总组装线和雨刮器分装线之间引入一个简单的拉动系统，这样做既可以使价值流运作更平顺，还可以减少两条生产线之间一半的库存量。

Beta 雨刮器厂的价值流小组充分运用了《创建连续流》一书中描述的方法，将以前的 4 个单独工位重新布局成一个工作单元，该工作单元所需的操作员数量也从 5 个降为 3 个。另外，价值流小组在从发运超市到组装生产单元之间，以及从组装生产单元到收货区的原材料超市之间，建立了均衡的拉动循环，用以减少库存，以及使价值流运作平顺。

最后，在 Gamma 冲压厂，冲压和喷涂工序的批量化生产属性对目前而言还是可以接受的。相比于通过创建生产单元引入连续流，价值流小组更关注在 3 个工序之间引入均衡拉动循环的模式，以及如何减少换模时间（在 2 个冲压工序上从 1 小时减少到 3 分钟，油漆工序则从 30 分钟减少到 5 分钟）。这样可以使生产批量大幅减少，并能以小批量多频次的方式更快地补充到下游超市。

在供应链价值流小组的力推下，相关的改进工作也已经由各工厂新任命的价值流经理予以实施，并且经过 3 个多月的实施运行后渐趋稳定。(如前所述，我们没有尝试对 Alpha 和 Beta 公司的越库仓储做出任何改变，这一方面是因为可以将改善的工作量控制在一个合适的范围之内，另一方面也是因为在第二阶段的未来状态中，我们会尝试消除这些设施。)

第一阶段未来状态的成果

这些改进措施累积起来的最终结果记录在雨刮器价值流第一阶段未来状态图的汇总数据箱中（参见附图 2）。虽然供应链价值流图本身几乎还没有发生任何变化，所有机构的框框图标以及流向的箭头图标仍然保持着现状图中的状态，但是，在各个机构的数据箱和供应链价值流图右下角的汇总数据已经发生了相当大的变化，供应链价值流所需总步骤已经从 73 减少到 54，产品交付期也从 44 天减少到了 24 天。供应链价值流第一阶段未来状态的所有指标，以及它们和现状图的对比状况，请参考下图。

	总的交付期	增值时间/总时间 增值时间比例	增值步骤数/总的步骤数 增值步骤比例	库存周转次数	质量过滤指数 最上游企业的不良率~最下游企业的不良率	交付过滤指数 最上游企业的交付差错率~最下游企业的交付差错率	需求放大指数 最上游企业的需求变化率/最下游企业的需求变化率	产品移动距离（英里）
现状	44.2天	0.09%	11%	5	400	8	7	5900
第一阶段未来状态	23.9天	0.16%	15%	9	200	8	7	5900

第一阶段未来状态的总结

更为重要的是，供应链价值流中的每一家企业已经迅速采取了具体的措施，去消除各自内部的浪费，改善自身的绩效。我们在现实中实际看到的情况大多并非如此，供应链下游的企业在要求其上游的企业改善其绩效的同时，却并未在自身内部采取任何实质性的改善措施。

在冲压工厂、雨刮器厂及汽车总装厂的层次，这些变化通常相当明显。最为显著的例子是位于墨西哥州雷诺萨的 Beta 雨刮器厂，其产品实现步骤的数量下降了 60%，而产品交付周期更缩短了 75%。不过，站在整个供应链价值流的角度看，价值流末端的客户感受到的变化要小得多：只有 25% 的产品实现步骤减少和 46% 的产品交付周期缩短，产品的交付周期仍然超出了终端客户的期望。因此，整个价值流的生产还是以预测为依据，而非确认的客户订单。而且，所有这些改进绩效只有在供应链价值流上的各个机构达到各自的未来状态时才有可能取得。

供应链价值流第一阶段未来状态的实现让价值流小组成员对各个机构的单独改进措施的局限性有了更清楚的认识。如果企业真的想实现突破，改变行业游戏规则、改变自身在行业中的地位，或者实现超出行业平均水平的利润，就必须去考虑优化整个价值流，而不是如目前很多公司和经理人所做的那样，在改进了单个机构的价值流之后就止步不前。实际上，这部分价值流只占整个供应链价值流很少的一部分。

任何一家企业，如果不愿意或者不能在其机构内部达到第一阶段的未来状态，它也不可能继续下一步，去实现第二阶段的未来状态。因此，如果此时有些价值流参与者明显表现出无法实现他们的承诺，那么，寻找替代的价值流成员就变得尤为重要，因为这样可以避免其他成员做出更多无谓的努力。对处

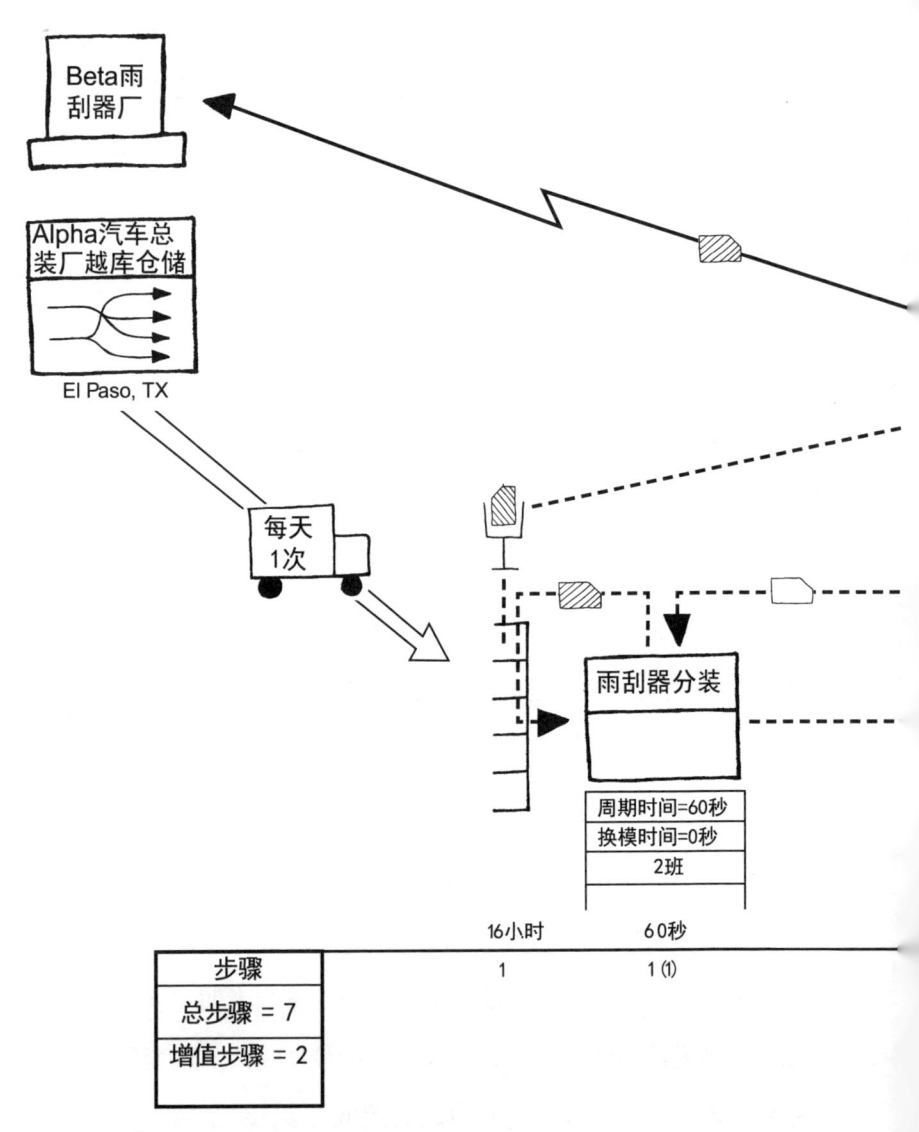

Alpha 汽车总装厂（新泽西州西奥伦治市）—— 未来状态图

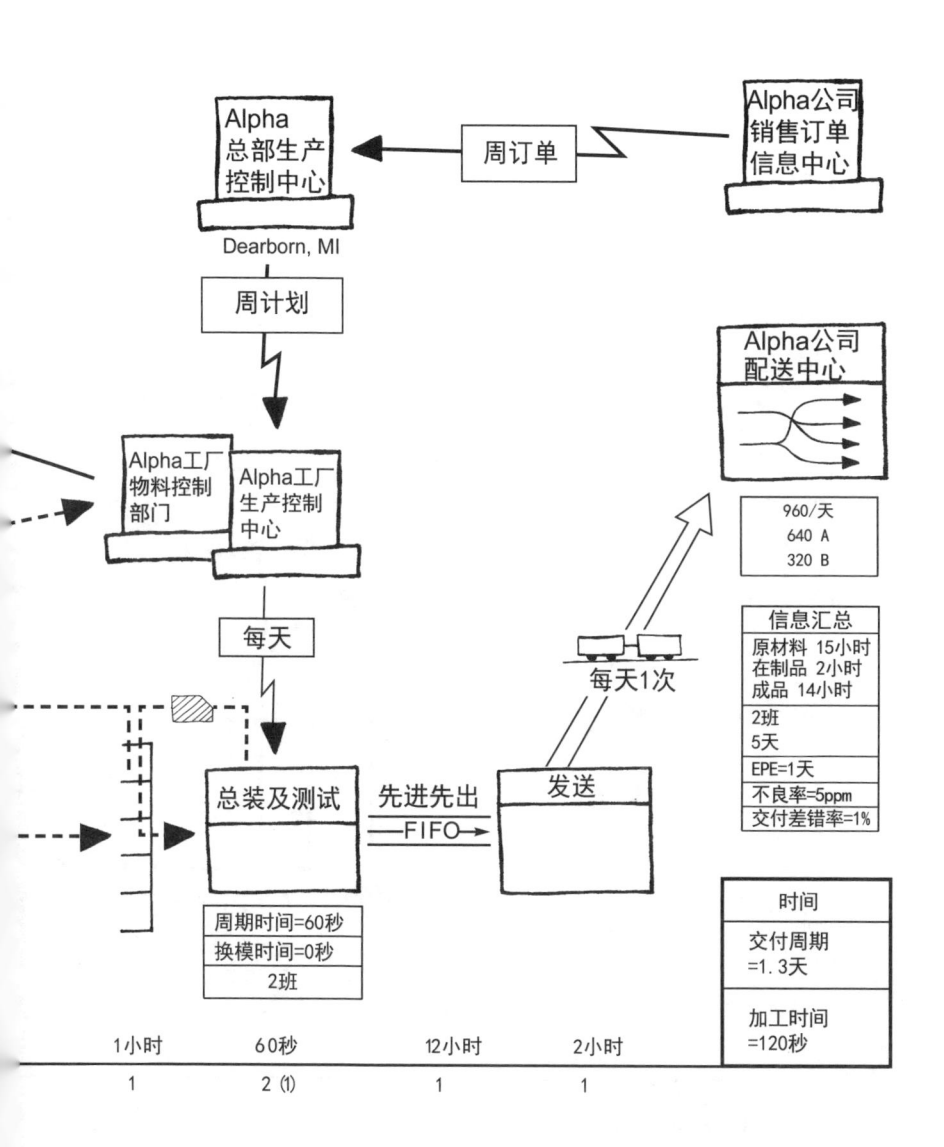

```
                                          ┌─────────────┐
                            ┌──────────┐  │ Alpha公司    │
            ┌──────────┐    │  周订单   │◄─│ 销售订单     │
            │  Alpha    │◄──│          │  │ 信息中心     │
            │ 总部生产  │    └──────────┘  └─────────────┘
            │ 控制中心  │
            └────┬─────┘
            Dearborn, MI
                 │
            ┌────▼─────┐
            │  周计划   │
            └────┬─────┘                    ┌─────────────┐
                 │                          │ Alpha公司    │
                 ▼                          │ 配送中心     │
       ┌──────────────────┐                 │  →→→→       │
       │ Alpha工厂         │                 └─────────────┘
       │ 物料控制│Alpha工厂│
       │ 部门   │生产控制 │                 ┌─────────────┐
       │        │中心    │                 │ 960/天       │
       └────┬───────────┘                   │ 640 A        │
            │                               │ 320 B        │
       ┌────▼─────┐                         └─────────────┘
       │  每天    │         ┌──────┐
       └────┬─────┘         │每天1次│       ┌─────────────┐
            │                └──────┘       │ 信息汇总      │
            ▼                               │ 原材料 15小时 │
       ┌──────────┐  先进先出  ┌────────┐   │ 在制品 2小时  │
       │ 总装及测试│──FIFO───►│  发送   │──►│ 成品 14小时   │
       └──────────┘            └────────┘   │ 2班           │
       ┌──────────────┐                     │ 5天           │
       │ 周期时间=60秒 │                     │ EPE=1天       │
       │ 换模时间=0秒  │                     │ 不良率=5ppm   │
       │ 2班          │                     │ 交付差错率=1% │
       └──────────────┘                     └─────────────┘

                                            ┌─────────────┐
                                            │   时间       │
                                            │ 交付周期     │
                                            │ =1.3天       │
                                            │ 加工时间     │
                                            │ =120秒       │
                                            └─────────────┘

  1小时      60秒       12小时     2小时
   1         2(1)         1         1
```

第四部分　第一阶段及第二阶段的未来状态　/　103

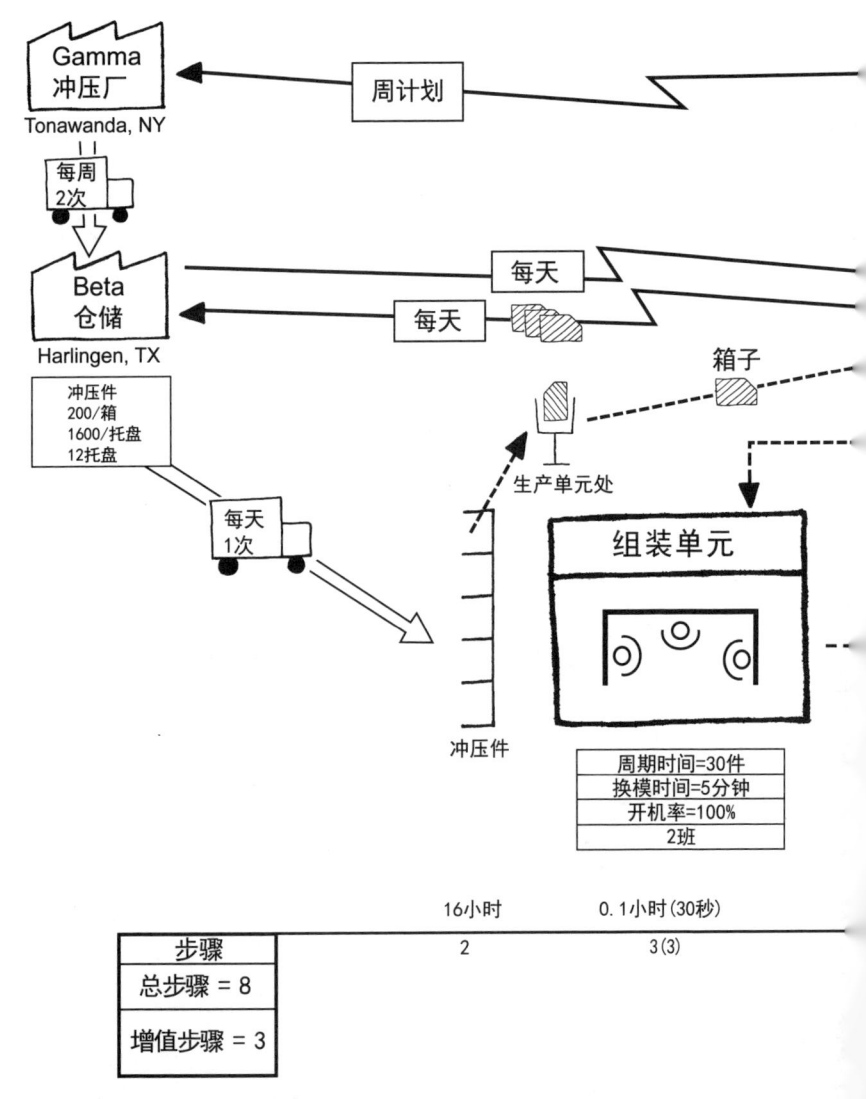

Gamma 冲压厂
Tonawanda, NY

每周 2 次

周计划

Beta 仓储
Harlingen, TX

每天

每天

箱子

冲压件
200/箱
1600/托盘
12托盘

每天 1 次

生产单元处

组装单元

冲压件

周期时间=30件
换模时间=5分钟
开机率=100%
2班

16小时   0.1小时(30秒)

步骤		
总步骤 = 8	2	3(3)
增值步骤 = 3		

Beta 雨刮器厂（墨西哥州雷诺萨市）—— 未来状态图

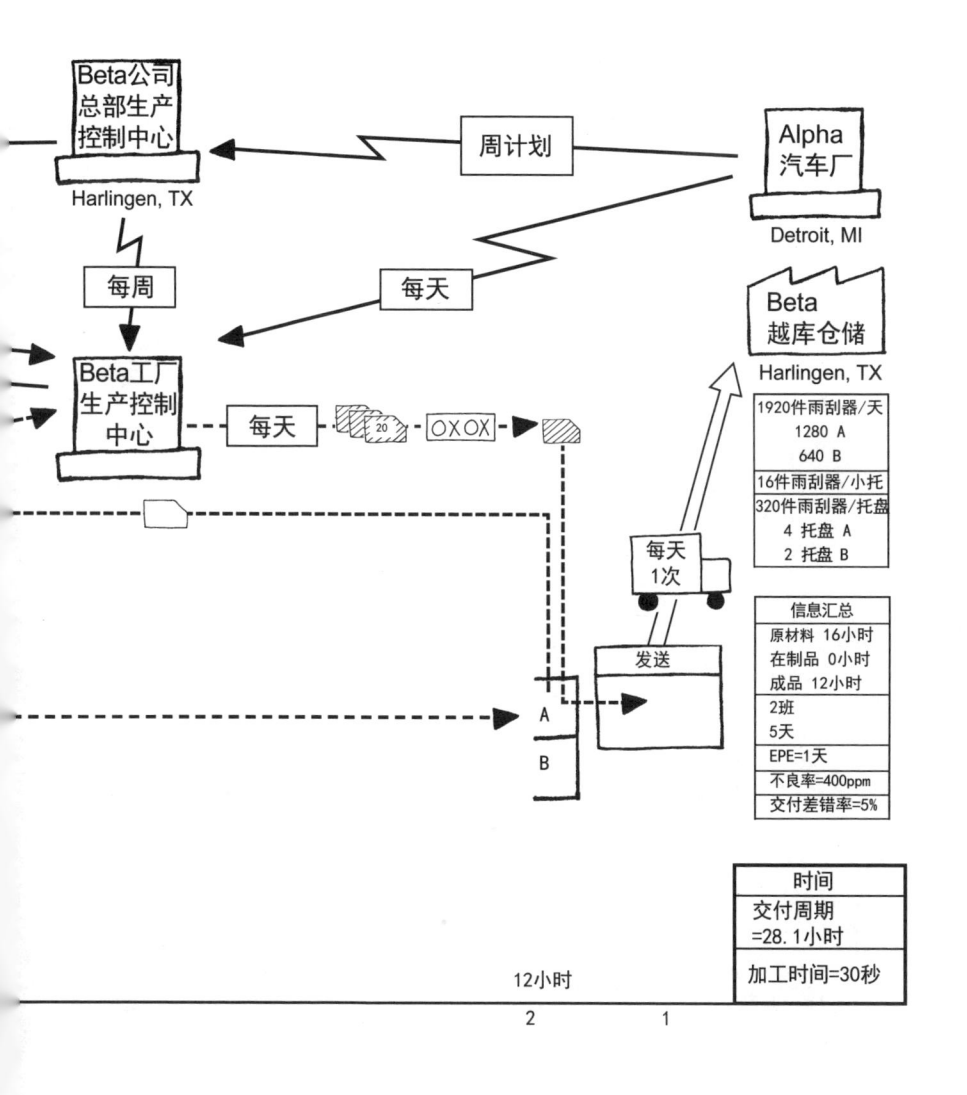

第四部分　第一阶段及第二阶段的未来状态

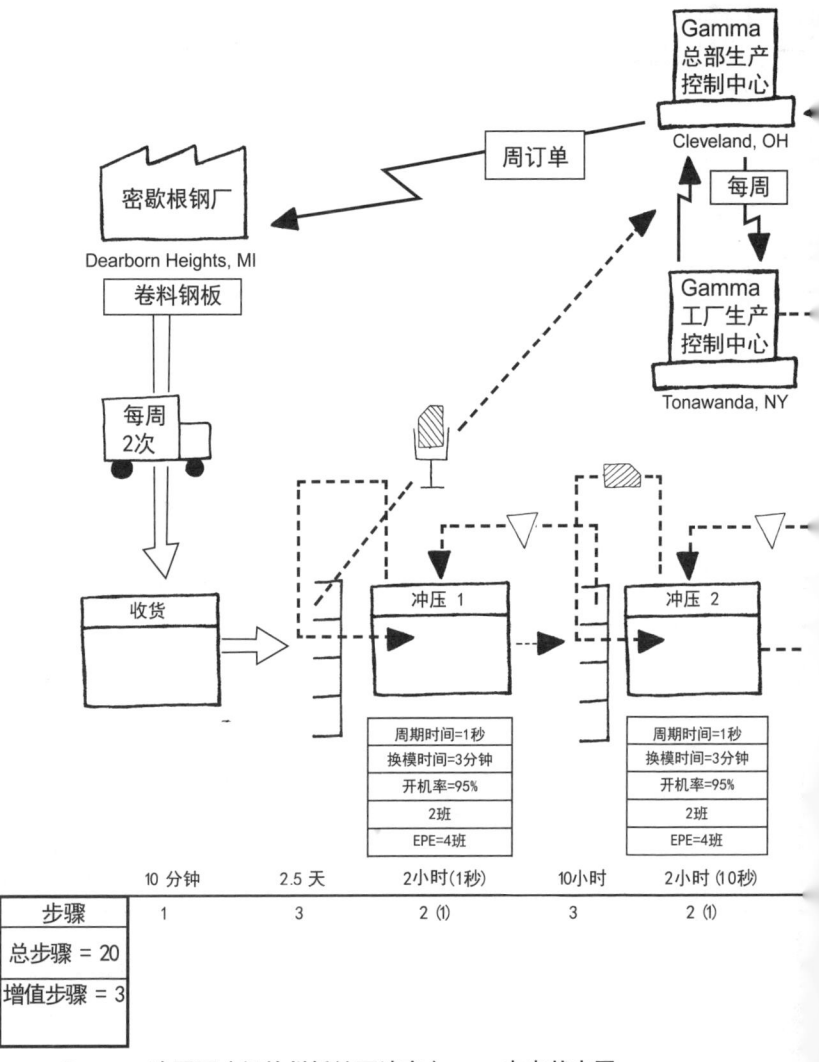

Gamma 冲压厂（纽约州托纳万达市）—— 未来状态图

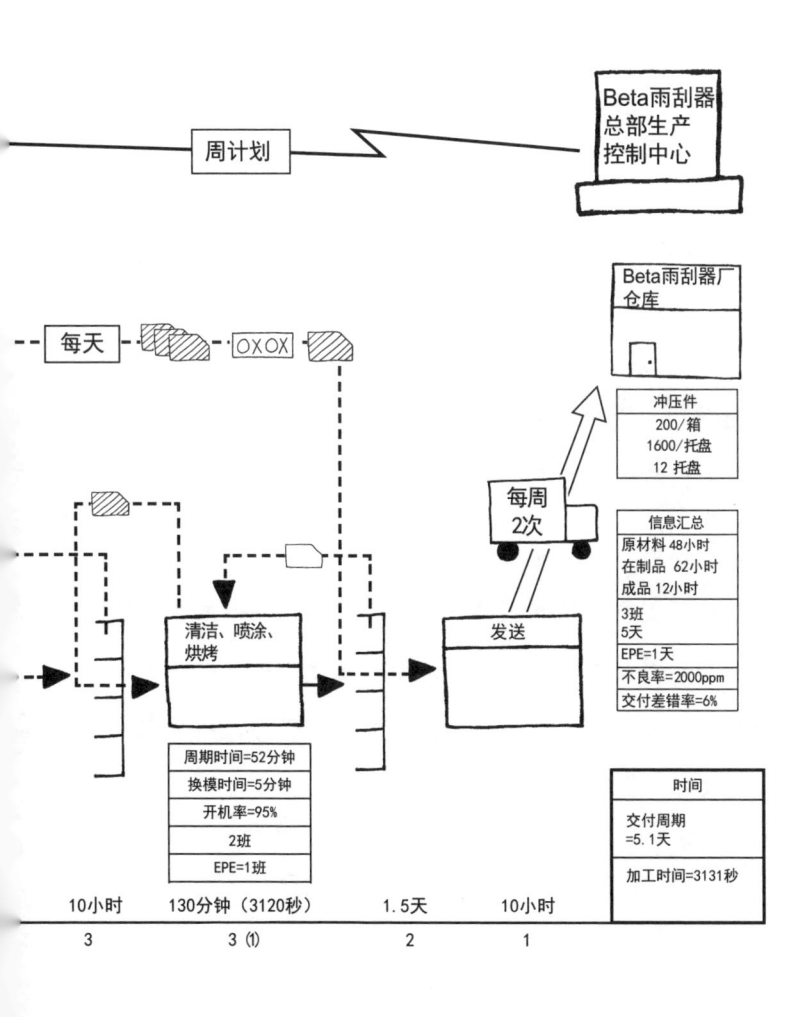

第四部分 第一阶段及第二阶段的未来状态 / 107

于价值流下游的企业而言，需要提上议程的一个问题是："我们是否有必要在我们的供应链上继续保留一家碌碌无为的上游企业？"

仅仅是未来状态的起点

请注意，所有这些在各个机构层次的未来状态并非它们的理想状态。它们只不过是在引入能均衡拉动的连续流和减少浪费步骤的过程中所做出的初步努力而已。在这一阶段，受实施期限的限制，我们还只能采用现有的生产工艺和产品设计方案。

不过，假以时日，随着我们引入换代的产品设计和生产工艺方案，就有可能在各机构内部接下来的现状图、未来状态图的转换循环中走得更远了。即使供应链价值流小组已经开始向供应链价值流第二阶段的未来状态和理想状态努力，各个机构对其内部的改善工作也永远不该停止。

下一步的改进方向

从前面的汇总可以看出，前五项数据在第一阶段的未来状态中取得了实质性改善，而后三项数据，包括交付过滤指数、需求放大指数和产品移动距离，并未发生任何变化。这是因为这些指标大都由机构之间的活动驱动，而不是由各个机构内的活动单独决定。正因如此，供应链价值流小组的下一个挑战将会是如何改善机构之间的相关活动，而这必然要对各机构之间的相应运作关系动手术。

第二阶段的未来状态

供应链价值流小组在各个机构内部达到第一阶段的未来状态，并开始意识到共同管理价值流的可能性之后，就可以开始下一步的工作了，那就是开始绘制第二阶段的未来状态图，并迅速完成。在这一阶段，需要在工厂之间引入一个平稳、均衡的拉动系统，以及建立周期性的运输系统。

建立各机构之间的均衡拉动

理论上，这很简单，我们只需要将每一个下游机构的产品使用点与其相邻的上游机构的产品生产工序或者发货点连接起来。通过这种方式,每一个产品使用点的消耗被其相邻的上游工序快速而准确地补充。

实际上,即使对于一个相当精益的价值流,每次运输的数量仍然会显著地超过最小生产批量。例如,在本书的案例中,供应给汽车总装厂的雨刮器的最小运输数量为一个托盘,每个托盘装有20个容器,而每个容器内则装有16件雨刮器,总共是320件雨刮器。如果每次只是运送个别的容器和少量的产品,运输费用无疑太高了。

与此相比,最小的生产批量则是一个容器共16件雨刮器。这是因为达到第一阶段的未来状态后,在Beta雨刮器厂内切换A、B两种类型产品的生产,所需要的换模时间和成本已经降到几乎为0。但对于物流人员来说,如果运送很少量的雨刮器,成本仍会过于昂贵。因此,在订单信息向上游传递的过程中,为了尽可能地均衡生产,我们倾向于以容器为单位,而不是以托盘为单位,向Beta雨刮器厂的生产单元传递生产信号。举例来说,如果Alpha汽车总装厂订购了1个托盘20个容器的雨刮器,其中包括以下产品:

#1产品:豪华A型,共5个容器

#2产品:豪华B型,共5个容器

＃3产品：标准 A 型，共 5 个容器

＃4产品：标准 B 型，共 5 个容器

我们希望按照下面的顺序依次给 Beta 雨刮器厂发送订单需求信息：

1/2/3/4/1/2/3/4/1/2/3/4/1/2/3/4/1/2/3/4

而不是按照这样的顺序：

1/1/1/1/1/2/2/2/2/2/3/3/3/3/3/4/4/4/4/4

在向每一个上游工序传递订单信息时，经过不断地重复执行这样的均衡生产程序，我们可以实现持续而平稳的生产，而不至因批量的原因给生产带来较大的波动。

在实践中有很多达到这种目标的方法。有些企业是通过建立一个严格的手工拉动系统来实现：他们收集产品容器上的看板卡，然后通过电话或者传真的方式将对应这些看板卡的需求信息发送给相邻的上游机构，看板卡在那里被重新打印出来，然后送到该机构的成品超市，依据这些看板卡为下一批的发运进行备货。（如果上下游机构之间距离很近，并且从上游机构到下游机构每天的发运很频繁——不同于本案例中的情况，那么看板卡可以由担负成品发运和空容器返回的卡车带回。一直以来，丰田公司在其总部所在地丰田市都将这种方法作为信息传递的基本方法。）

当然，也可以在其中运用适当的自动化技术，包括利用电子扫描仪从空容器上扫描看板卡信息，然后将这些看板卡对应的需求信息通过电子数据交换系统传递到相邻的上游机构，在那里可以打印新的看板卡并送到成品超市，之后被附在装有成品的容器和托盘上以备下次发运。（下游机构收到产品后，会重新扫描托盘上的看板卡以确认收到货品和进入供应商付款程序。当容器内的产品在下游工序被消耗时，看板卡会被从容器中取出并做最后一次扫描，之后该看板卡就会被废弃，从而完成一个信息传递的循环。）而从上游的成品超市容器上取下的看板卡，则在产品发运时放入某种形式的"均衡生产箱"中，然后一并送往上游，交给此前的加工工序。

进一步的自动化技术就是消除所有看板卡，转由下游工序向上游工序的成品超市直接传递电子看板信息，这些信息在电子显示屏或者手持设备终端上直接显示出来。不过，因为这种电子系统本身的复杂性，加上价值流经理和相关生产人员对该系统的内部工作原理不熟悉，所以，当无法直观地看到这些信息时，大家通常会感到无所适从。尽管有些业务对信息管理复杂性的要求天生就比其他业务高，我们仍然建议，在能够完成工作的前提下，使用尽可能简单的系统。

需要特别提出的关键点：没有必要再去发送由工厂办公室或者公司总部 MRP 系统产生的每日生产计划，也不必要求客户发送他们计划系统产生的每日通知单。那些通过集成的计算机系统精心计算出来的计划，通常是在一些特定的运营条件和预设的交付周期下得出的。与其要求使用这种计划来指导每个工厂和每台设备的生产，还不如去使用一个简单的新系统，在这个系统中，下游点上的消耗信息会作为订单需求而条件反射式地反馈到相邻的上游点上。

需要在受控制的前提下大胆地尝试

"但是，"你可能会问，"对于和其他价值流交织在一起的某些单个的价值流，怎样才能建成这样的信息系统呢？发送这个价值流生产控制信息的计算机，同时也在给其他价值流发送生产控制信息。毫无疑问，要想改变任何事项，必须改变整个系统，而这无疑需要承担巨大而高昂的投资且风险很大。"

事实上，根本不需要太大的动作。在第一阶段的未来状态，我们在几个机构的内部，将本书案例涉及价值流的产品系列从

MRP系统中分离了出来，并且在每个机构内部建立了简单的拉动循环。现在，我们只需要采取同样的措施，将当前运行在同一个生产控制中心下的某个产品系列的供应链价值流和其他价值流区隔开来，并着手建立简单的拉动循环。

对于供应链价值流小组而言，关键是借助这样的机会大胆地去尝试（展开受控的试验），然后根据结果确定下一步的方向。可以肯定的是，供应链价值流第二阶段未来状态的绩效会毫无疑问地把这种简单而更有效的拉动系统逐步应用到更多的产品系列上，而不再继续使用当前普遍使用的、过于复杂的生产控制系统。该系统是基于整个供应链系统的生产能力所规划得出的结果。

建立周期性的运输路线

机构间拉动系统的补料机制势必要求增加机构之间的运输频次。要达到这个要求，可以将原来机构之间非周期性的整车运输模式转变为涵盖多家机构的循环取货模式。

这种新的运输模式还会带来其他实质性收益。在采用循环取货模式后，运输的频次较以前高了，也就有可能消除产品在Beta雨刮器厂哈灵根仓库的停留及其至Alpha汽车总装厂埃尔帕索越库仓储之间的长途运输。这可以省掉 8 个步骤，将产品交付期减少 6 天，同时缩短上千英里的运输里程。（另外，如果运用这些设施的其他价值流的产品也采取类似的做法，那么，这些机构就完全可以取消了，并会获得可观的成本节约。）

我们已经将这些变化在第二阶段未来状态图中绘制出来了，在第一阶段未来状态图中使用的条纹状"推动"箭头被替换成了循环取货系统的图标 ⌒（循环取货）。

试验性地引入拉动循环和循环取货机制会需要适度的投资，但是通过约束试验的范围，可以将投资控制在一个小的金额。最终的投资决策可以等到看到试验的结果，并决定是否需要在整个生产系统实施这种转换之后再作出。在目前的情况下，通常行业内的其他供应商和客户已经开始了循环取货方式的应用，你或许可以将自己的产品搭上他们的顺风车。

附图 3 的雨刮器价值流——第二阶段未来状态图展示了改进后的信息流、机构间的均衡拉动系统以及循环取货系统。

结果汇总

理顺拉动信号和实施周期性的补充系统到底会带来怎样的变化？我们可以在第二阶段未来状态图的汇总数据箱及下面的

表格中再来看看供应链价值流八大指标的实际情况。和第一阶段相比，第二阶段最显著的变化在于需求放大指数、质量过滤指数和交付过滤指数大幅降低。现在，在密歇根钢厂，其需求波动水平已经和 Alpha 汽车总装厂较为相近。另外，运输复杂程度的大幅降低，不合格品的产生及其在下游工序被发现之间间隔时间的大幅缩短，使得来自价值流上游的不良品和交付差错对价值流下游的不良影响已经被控制在较低的水平。

	总的交付期	增值时间/总时间比例	增值步骤数/总的步骤数	库存周转次数	最上游企业的质量过滤指数	最上游企业的不良率、最下游企业的不良率	最上游企业的交付差错率、最下游企业的交付差错率	最下游企业的需求变化率、最上游企业的需求变化率（需求放大指数）	产品移动距离（英里）
现状	44.2 天	0.09%	11%	5	400	8	7		5900
第一阶段未来状态	23.9 天	0.16%	15%	9	200	8	7		5900
第二阶段未来状态	15.8 天	0.24%	21%	14	50	3	5		4900

第二阶段未来状态的总结

第五部分　理想状态的价值流图

第五部分　理想状态的价值流图

压缩价值流

重新选址的原则

理想状态的变化

惊人的成果

切换到理想状态的时机

得益者和受损者分享成果

本书第一版的结论

第二版的新观点

压缩价值流

到目前为止，我们还没有对增值活动做出任何改变，只是在消除一些不必要的仓库和越库仓储的同时，对信息流和交货频次做出了调整。尽管价值流小组已经将产品实现的总步骤数量从 73 减少到 39，将产品的交付周期缩短了 64%，同时需求放大效应也得到了显著的抑制，但供应链价值流中仍然存在大量的浪费和时间延迟。

因为大多数浪费和时间延迟看起来归结于机构之间的移动和过长的距离，所以，下一步的合理措施就是"价值流的压缩"，即通过对开展增值活动的地理位置进行重新选址和联合选址，实现以更少的付出获得更快的交付。

重新选址的原则

第一个原则是产品的所有生产工序必须尽可能移到一起。在理想情况下，甚至要求安排在同一个房间。

第二个原则是压缩后的供应链价值流的增值活动离客户越近越好。在本书案例中，即离 Alpha 汽车总装厂越近越好。精益思想的目标最终总会归结为降低成本、改善质量、准确及时地满足顾客需求，而异地生产在通常情况下总与这个目标背道而驰，原因在于它增加了对顾客需求的反应时间。对处于异地的生产商来说，为了快速满足客户的需求，唯一的选择就是按照预测（通常不准确）生产出额外的成品库存。在目前的全球安全形势下，考虑到跨境货物运输遇到的更大干扰，生产商准备的成品库存可能得更多。

要想开始对供应链价值流的增值活动进行重新布局，"在一个地方完成所有工序"和"尽可能布置在客户周边"是两个很有用的原则。不过，也必须同时考虑关键的第三条原则，那就是：如果这种转移需要承担额外的制造费用（尽管通常情况下是减少制造费用），那么我们就必须对这些增加的费用和时间节省能够带来的价值进行权衡。

综合以上原则，可以得出非常简单、适用于大多数产品的供应商选择法则：

1. 如果客户位于一个高人工成本的国家（如：美国、日本、德国），需要对订单的即时响应，并且产品并非劳动力密集型产品，那么可以将所有的生产工序安排在该国内靠近客户的区域（尽管该国工资水平很高）。

2. 如果客户位于一个高人工成本的国家，愿意按照一定的运输周期接收货物，并且对产品的价格很敏感，则需要将从原材料到成品的整个生产过程安排在靠近客户的一个低成本区域。根据我们的经验，合适的位置通常都会是同一销售区域内的一个低人工成本的国家。举例来说，客户在美国，生产安排在墨西哥；客户在日本，生产安排在中国；或者客户在德国，生产安排在波兰。不过，如果成品的运输可以采取卡车或者短途的水运方式，并且只是跨越一个国界的话，对客户需求的响应时间还可以控制在几天之内。而当这种运输是洲际运输，并且采取海运方式时，响应时间就需要几个星期了。

3. 如果客户位于一个高人工成本的国家，需要对订单的即时响应，但产品所需人工工时较高，那么就需要认真对成本做出分析，确定合适的产品制造地点。最好的方案甚至可能是采取空运的方式，将产品从远在世界另一端的低人工成本生产国运送过来；或许是采取一种新的工艺，降低在高成本的产品销售国的过高制造成本，从而使产品所有的生产过程尽可能地靠近客户。

4. 如果客户位于一个低人工成本的国家，并且需求量达到一定规模，那么只要地域许可，可以将产品从原材料到成品的整个制造过程安排在该国内离客户地理位置最近的区域。

在雨刮器价值流小组分析了当前的形势，并仔细斟酌以上原则后，明确在理想状态下，供应链价值流增值活动的最佳地理位置显而易见应该是位于美国这个高成本国家之内、紧靠汽车总装厂的区域，其原因在于该产品所需的直接人工很少。实际上，该产品单件所需的直接人工仅包括雨刮器组装公司的30秒组装工时及冲压厂内近乎为零的冲压工时。（雨刮器组装所需的操作人员数量已经从供应链价值流现状的5个，减少到第二阶段未来状态的3个。）价值流小组还发现，在将雨刮器组装工序从墨西哥转移到美国之后，直接人工成本有了小幅的增长，不过即使将传统的公司制造费用增加到直接人工的工资成本上，相比于运输、库存及连接成本的巨幅减少，这些增加也是微不足道的。

理想状态的变化

于是供应链价值流小组创建了一幅理想状态图（参见附图4）。注意，至此雨刮器的组装（包括以前在 Alpha 汽车总装厂完成的雨刮柄和雨刮臂上的组装）、喷涂及冲压工序已经全部压缩到了位于 Alpha 汽车总装厂的一个房间内,你可以把它想象成一个"供应商工业园"。这里引进了一种成本较低的低速冲压设备,因为这台设备的产能和供应链价值流的需求量是匹配的,所以我们称其为"适度规模装备"。这台冲压设备同样可以完成雨刮器组装所需所有其他零件的基本及辅助冲压(参见本书第 37 页的雨刮器制造及组装流程),而且可以很小的批量组织生产,进而将库存和生产交付周期都降至最低。另外,一个小型的喷涂室也设计成功。它位于冲压工序和雨刮器组装工序之间,是我们的第二个适度规模装备项目。

在汽车总装厂里每当有一辆车身离开喷涂室时,新的雨刮器生产单元就会收到一个电子信号,说明下一个应该生产的产品(有 3 小时的交付期),加上雨刮器组装从开始到交付所需的总时间小于可用的交付期,所以,为 A、B 两种车型配套的高、低档雨刮器现在可以按照汽车总装线的生产顺序来安排组装。雨刮器组装完成后,被按顺序摆放在容器内,雨刮器以 40 件为一箱,每 20 分钟就会有一台"水蜘蛛"(由一部牵引车头拉着一串料车)过来,将这些装有雨刮器的容器循环运送到汽车总装厂生产线上的指定安装工位。水蜘蛛的行驶路线将紧靠 Alpha 汽车总装厂的几个类似的零部件工厂联系在了一起,它们在每一个运输循环内实现了空容器的返回和雨刮器组装厂所需零件的交付。(针对物料流动的完整讨论,请参考精益工具丛书之《精益物流》)

惊人的成果

到现在为止,从原材料到交付客户之间的总交付期已经减少了 94%,达到 2.8 天,并且几乎所有的运输、库存及交接过程(连接成本的关键影响因素,包括从最终的汽车总装厂向上,经过雨刮器组装厂,然后到达冲压厂及原材料供应商)都得以消除。另外,以前由 Alpha、Beta 和 Gamma 在远隔千里的各自机构内单独实施的供应链价值流相关活动,如今正以连续流的方式在紧挨客户的同一个机构内实施,因公司之间的界限造成的浪费也正被逐步消除。

切换到理想状态的时机

在设计和制造新产品时使用低速冲压设备,成本更低,而且也更加可靠,但它也需要对原材料供应商做出变更。(注意,在理想状态下,新泽西钢厂将替代密歇根钢厂,以便将卷料钢带的运输距离和时间从 500 英里和 8 小时分别减少到 25 英里和 1 小时。)在这种情况下,切换到理想状态的最佳时机会是在产品的升级换代时,因为那时总会需要引入新的生产设备。

对于每一个新的产品,必须为其价值流创建一个理想状态,

	总的交付时间	增值时间比例（增值时间/总时间）	增值步骤比例（增值步骤数/总的步骤数）	库存周转次数	质量过滤指数（最上游企业的不良率/最下游企业的不良率）	交付过滤指数（最上游企业的交付差错率/最下游企业的交付差错率）	需求放大指数（最上游企业的需求变化率/最下游企业的需求变化率）	产品移动距离（英里）
现状	44.2 天	0.09%	11%	5	400	8	7	5900
第一阶段未来状态	23.9 天	0.16%	15%	9	200	8	7	5900
第二阶段未来状态	15.8 天	0.24%	21%	14	50	3	5	4900
理想状态	2.8 天	1.5%	27%	79	2.5	1	1	525

理想状态的总结

并将其和依据惯常模式进行的生产方式进行对比。这样做的好处在于，可以在新设计刚开始，亦即妨碍我们实现"至善至美"目标的阻力最小的时候，找到和理想状态的创造性结合点。

得益者和受损者分享成果

在完成未来状态图和理想状态图的绘制之后,如果供应链价值流小组能够找到一个得益者向受损者提供补偿、分享成果的方法,那么很有可能会明显地看到更积极的变化。这是由于在通常情况下,随着供应链价值流上游参与者浪费步骤的减少、供应商均衡拉动系统的实施及引入更可靠的过程工艺,供应链价值流下游的企业能够以更低的成本获得更好的产品和服务。这些改进所带来的成本上的节约,远远超过了实施这些改进所增加的成本。这是一个不争的事实。不过,即使大家都能明白这个道理,如果上游参与者不能从下游参与者所获得的收益中分得一些利益,以弥补为了改进整个供应链价值流绩效而产生的高昂投入的话,那么,所有这些改进都只会是"纸上谈兵"。

如果能够较容易地对未来状态改进实施前后的总体产品成本做出一个比较的话,供应链价值流下游企业对上游企业做出

补偿可能会比较简单。但是，传统的采购和会计系统通常与价值流并不相容，几乎不能给每个产品系列计算出精确的产品成本。在大多数情况下，传统的方法只是基于大量的数据信息将制造费用按产品进行分配，而这样计算出来的成本并不能被供应链价值流上的所有企业认可。

我们的建议是：不要过多考虑传统的采购和会计系统的问题，而是采用一种简单的方法，即只考虑供应链价值流在未来状态和理想状态建议的每项改进所带来的成本增加（采用某种通用的货币单位）和所带来的收益增加（采用同样的货币单位）。在大多数情况下，这是一个相当简单的方法，因为它可以避免价值流小组成员花费过多的时间用于矫正（或者为之辩护）过去的错误及不公平，从而找到面向未来的共赢选择。

如果供应链价值流的对象产品是新产品，就不会存在上述的跨公司补偿问题，我们也不会为当前工厂的地理位置甚至现存的供应商所限制。不过，计算不同情况下供应链价值流的总体成本仍然相当重要，我们必须明白哪种供应链价值流的配置方案可以真正带来低成本和对客户快速响应的组合。（参考本书第 176 页"地理位置的成本"，该文对此做出了进一步的阐述。）

本书第一版的结论

在讨论了达成未来状态和理想状态的简要但突破性的行动指南之后，我们还必须分享一个秘密：你永远都不可能真正达到你的理想状态！事实证明，无论何时，总是存在需要进一步消除的浪费，而交付给客户的价值也总是可以进一步得到提升。

举例来说，在未来的某个时候，我们可能能够以模具方式制造出一个和车身颜色相匹配的整体雨刮器，这样可以减少冲压、喷涂及将众多零件组装到一起的组装工序。如果在整车组装线上，以上涉及雨刮器产品工序的生产周期时间刚好等于或者低于节拍时间，并且从一种规格或者颜色的雨刮器切换到另一种是完全瞬间完成的，那么就有可能实现按照整车的生产顺序安排雨刮器的制造，从而将产品总的交付周期和增值时间都压缩到几秒钟。这样的话，本书中所描述的"理想状态"就会变为彻底的浪费。

对于真实企业里的真实经理人们，在现有产品设计条件下进行改进，为了接近理想状态而先实现的一个未来状态，即使没有价值流上级大老板发号施令要改变，也只能维持一个较短的时间。当然，对于升级换代的下一代产品，在机器、厂房等都没有被固定之前,追求改善可以更接近理想状态。

其中的诀窍在于,价值流小组成员共同沿着价值流走上一圈,以便每个人都可以看到价值流的全局。可以让大家估计一下,如果整个供应链价值流可以被优化,那么可以获得怎样的改善成果?也可以好好研讨一下,假如已经获得了价值流现状中的浪费汇总信息,价值流小组成员相互之间应该以一种大家都能接受的方式,将消除浪费的任务分解下去。当然,我们不可能在一夜之间完成所有任务,你也可能永远不会看到团队成员之间没有任何冲突的合作状态,但是,对我们的挑战就是必须迈出第一步,去赢得最开始的成功,并且不要回头。

期望大家能够努力实践,也希望能够听到大家对供应链价值流实施问题的反馈和成功经验的分享。

第二版的新观点

自 2002 年本书第一版出版以来,我们收到了许多读者的反馈,同时也在跨越多家公司的供应链价值流的现场观察过程中有过诸多讨论。我们了解到,大家期待在更多的方面进行探讨,包括:将供应链价值流的分析延伸到顾客处;将供应链价值流的相关活动应用到制造领域以外,如零售行业;了解更多共同管理和改善供应链价值流的真实案例;探讨供应链价值流的成本问题;关注组成一个完整产品的多个供应链价值流形成的系统,而不仅仅是如本书中所做的、选择性地分析了单个供应链价值流。

针对这些期望,我们添加了后面的5篇文章,作为本书全新的第六部分:关于供应链价值流的新观点。

第六部分 关于供应链价值流的新观点

第六部分 关于供应链价值流的新观点

将价值流分析从工厂延伸到顾客——自动雨刮器案例

价值流分析在零售行业的应用——乐购（Tesco）案例

安镁联盟的供应链价值流 —— 一位 CEO 的实践

地理位置的成本

观察一个跨越全球的完整供应系统

将价值流分析从工厂延伸到顾客——自动雨刮器案例

丹·琼斯、大卫·伯朗特

这篇文章将本书第二到第五部分绘制出的雨刮器价值流图从 Beta 生产工厂延伸到了在汽车经销商服务部门的最终用户。在第二版中加入这个案例,是应广大读者的强烈要求,提供在服务领域价值流分析的实践案例。

请注意,本文及后面 4 篇文章里面的价值流图都可以在 lean.org/stwvs 下载。

分析现状

在通过共同努力提升了雨刮器到组装厂的流动之后,Alpha 汽车公司和 Beta 雨刮器厂开始把注意力放在给汽车经销商和修理厂供货这一段雨刮器售后价值流上。多年来,Beta 雨刮器厂一直都知道,从 Alpha 汽车公司收到的用于更换的雨刮器订单难以预测且不稳定,并且与汽车司机们稳定的雨刮器更换频度并无关联。这样的订单很难配合他们新的均衡化的生产计划。

另外,Alpha 汽车公司决定通过学习丰田公司于 20 世纪 90

年代开始在全球范围运行的丰田零件配送系统[①]，来提高自身的零件配送水平，以降低成本，并为经销商和客户提高零件的可获得性。基于和 Beta 雨刮器厂在装配工厂的零件流动上的成功合作，与他们在售后零件上进一步合作显得顺理成章。为了把收益一直延伸到经销商的服务站，Alpha 汽车公司和 Beta 雨刮器厂决定邀请 B&K 汽车销售公司[②]——一家积极进步的经销商，加入到这个项目中来。

于是他们开始组建团队。团队中包括来自 B&K Motors 的零售店负责人、售后和零件部经理，来自 Alpha 汽车公司一家区域零件配送中心（Regional Parts Distribution Centers, RPDCs）和全国零件配送中心（National Parts Distribution Center, NPDC）的经理们，以及来自 Beta 雨刮器厂的产品价值流经理和工厂经理。他们一起沿着价值流走访观察，从经销商开始，接下来是给供应经销商供货的 Alpha 汽车公司的区域零件配送中心，然后是 Alpha 汽车公司的全国零件配送中心，最后是 Beta 雨刮器厂的仓库和生产线。在走访观察的过程中，他们检查每一个步骤，询问该过程到底是价值增值的过程，还是不增值但当前有必要

---

① 丰田零件配送系统在吉姆·沃麦克和丹·琼斯合著的《精益思想》第四章中有提及。
② B&K 汽车销售公司为大卫·布伦特和约翰·基夫所著的《创建精益经销商》（英国精益企业学院 2005 年出版）中所提及的精益经销商。

（附加工作）的过程，抑或不增值且没有必要（浪费）的过程。通过这种方式来确定和分析雨刮器从 Beta 雨刮器厂到 Alpha 汽车公司的经销商，从开始装配到销售给顾客过程中的所有步骤。

他们在 Beta 雨刮器厂观察到，部件被运输到装配单元并存放在部件超市，接下来部件在装配单元中组装，之后存放在成品超市中，准备送往 Beta 雨刮器厂仓库。其中总共有 27 个步骤，包括 3 个增值步骤共用时 30 秒。他们追踪的是当前供给在产汽车且用量最大的一种雨刮器，而供给已经停产的旧车型的雨刮器在另外一条单独的生产线上完成。

团队来到了 Beta 雨刮器厂的仓库，发现很难找到增值的活动。他们不断地询问客户会如何去判断每个步骤活动的价值，从在货车上卸货、放置、储存、取货到发运，省去其中的任何一步都不会影响到产品本身。所以结论是仓库里没有增值步骤。然而，雨刮器都需要送到客户手中，所以在当前状态下，他们记录下卸货、配货和包装等工作的流程时间。在 Alpha 汽车公司的全国零件配送中心、Alpha 汽车公司的区域零件配送中心和 B&K Motors，他们也进行了同样的分析。

在每一个阶段，团队都记录下信息流。B&K 每周三下午 3 点前下零件订单，零件将在下一周由指定的车辆送达。如果

B&K 在正常的送货期间缺货，他们也可以通过 Alpha 汽车公司的 VOR（vehicle off road，非公路运输车辆）订单系统当天下订单，零件将在第二天由快递送达，但需支付额外的费用。

所有的订单发送到 Alpha 汽车公司零件部门客户服务团队，再由他们将订单录入 Alpha 订单系统。Alpha 的计算机系统每天晚上将运行更新程序，更新区域零件配送中心和全国零件配送中心已经扫描过的零件，并生成每个区域零件配送中心和全国零件配送中心的配货单。全国零件配送中心每个星期会生成两次送货到区域零件配送中心的配货单。

Alpha 汽车公司通过两种方式向 Beta 雨刮器厂传达需求。首先，每个月通过预测来传达未来的需求。其次，每周向 Beta 雨刮器厂发送订单，这些订单是将在经销商处安装的修理用雨刮器。每个订单都会发到 Beta 雨刮器厂客户服务部，并输入他们的计算机系统。这些信息将由 Beta 雨刮器厂总部的生产控制系统调用，以决定生产数量，同时由仓库计划系统调用，决定每周发货到 Alpha 汽车公司全国零件配送中心的送货计划。

通过从经销商到 Beta 雨刮器厂生产车间的走访观察，团队的结论是有许多机会可以改善客户端的价值流动。自动雨刮器共被接触了 42 次，但只有 4 次接触是增值的。雨刮器的流程时间是 121 分钟（其中只有 90 秒是为客户创造价值的！）交付周期——雨刮器在价值流里经过的总时间，最佳状况是 197 天。在此基础上，雨刮器以完美的质量、准确的订单数量、准时交货的概率只有 83%。由于系统漫长的交付周期和多次的计划，客户忍受着并非理想的服务（因为零件短缺）。与此同时，系统中的每个点都存有大量的库存（提高了成本），但对客户变化的需求却无法很好响应。

规划未来状态

团队决定将最靠近客户的过程作为价值流的起点。他们发现每周下一次订单给上游放大了实际的需求，同时尽管经销商处有着大量的库存，但这些库存通常并不是顾客所需，从而需要下达紧急的 VOR 订单。这样的操作对经销商和 Alpha 汽车公司而言都成本高昂，更重要的是无法为客户提供良好的服务。

团队意识到，如果 B&K 准确地按照每天售出的零件数在当天结束时下达补货订单，传递到上游的需求就会非常平顺，经销商交付的准确、准时率也会有巨大提升。这样有规律的均衡化订单会使 Alpha 汽车公司可以更有效率地计划和安排送货车辆，制定从区域零件配送中心到经销商的"循环取货"的配送

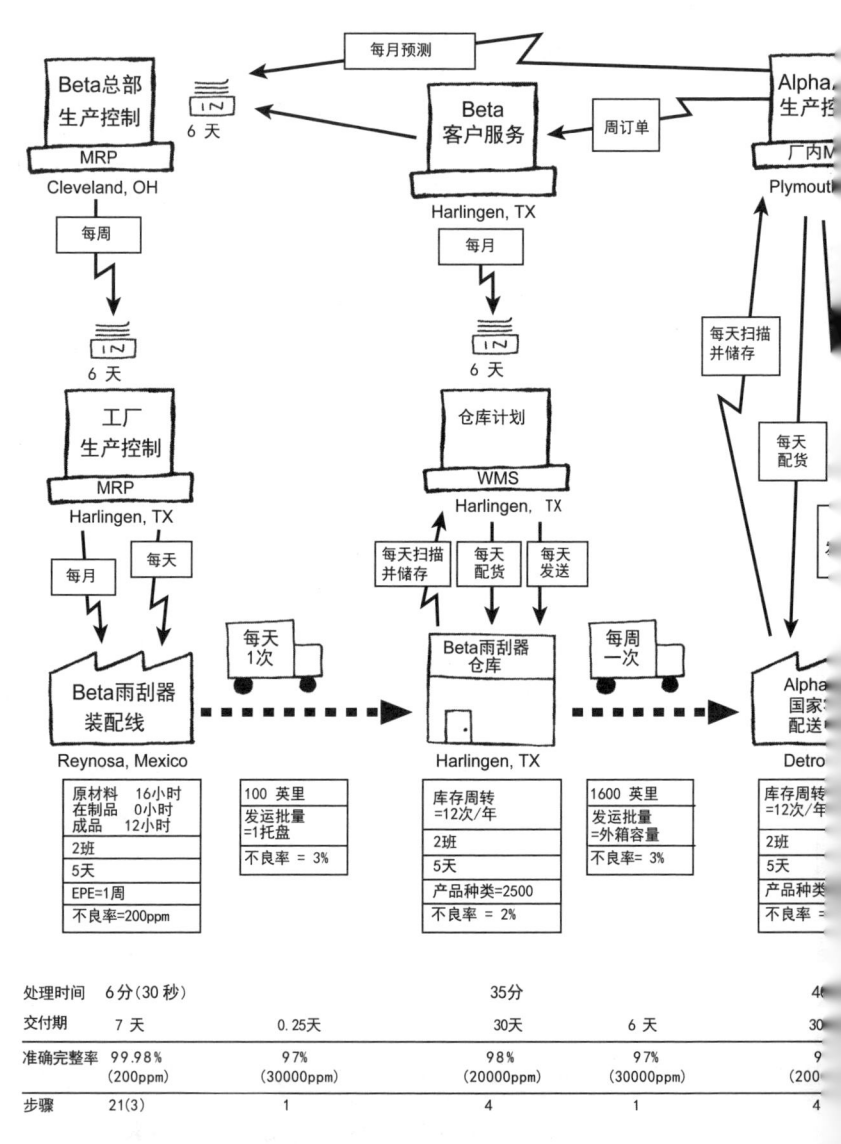

现状：从工厂到客户端的雨刮器供应链价值流图

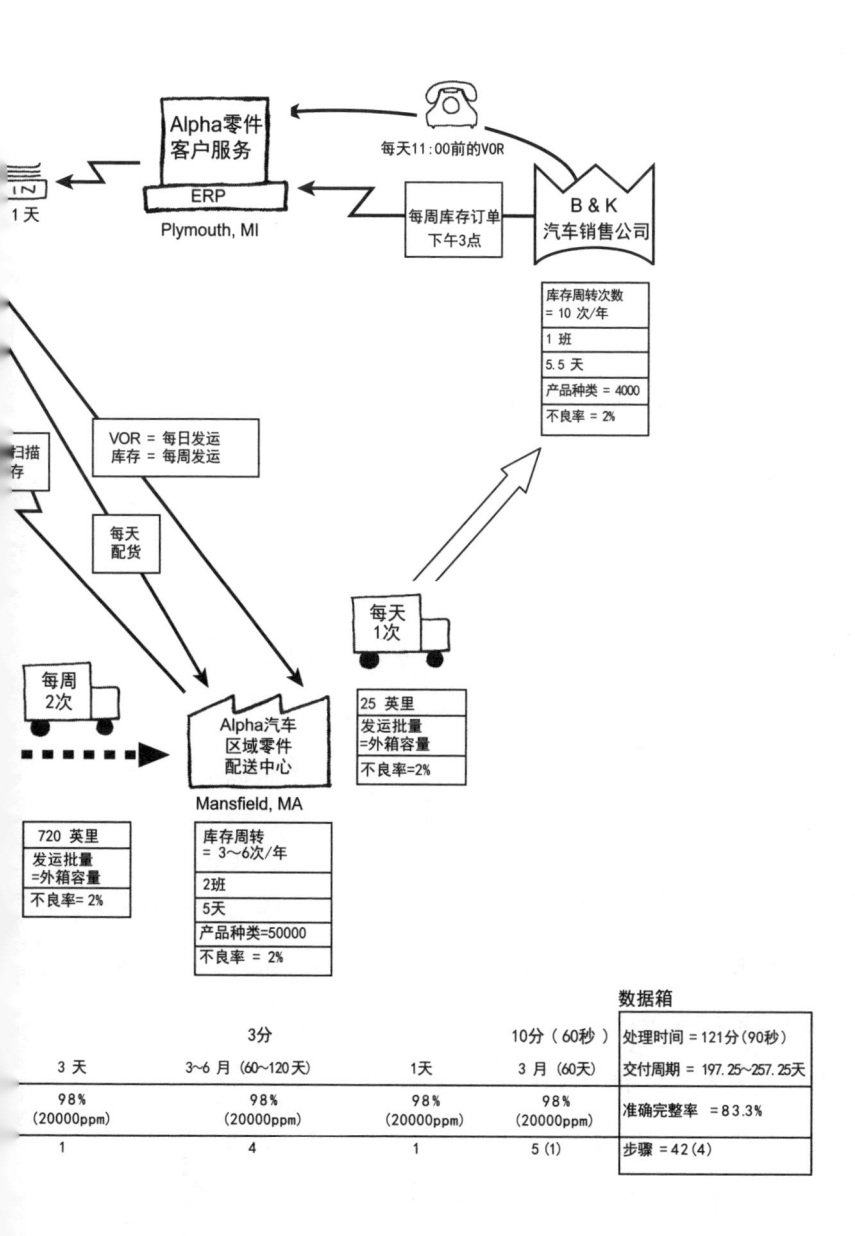

```
                                        ☎
                  Alpha零件          每天11:00前的VOR
                  客户服务      ←
                  ┌─────┐                          B&K
      ←           │ ERP │  ←  每周库存订单         汽车销售公司
    1天            └─────┘     下午3点
              Plymouth, MI
                                              ┌──────────────────┐
                                              │ 库存周转次数      │
                                              │ = 10 次/年       │
                                              │ 1 班             │
                                              │ 5.5 天           │
                                              │ 产品种类 = 4000   │
                                              │ 不良率 = 2%      │
                                              └──────────────────┘

            VOR = 每日发运
   扫描     库存 = 每周发运
    存

            每天
            配货
                                            每天
                                            1次

    每周                                 25 英里
    2次                                  发运批量
                                         =外箱容量
                         Alpha汽车        不良率=2%
                         区域零件
                         配送中心
                         Mansfield, MA

  720 英里            库存周转
  发运批量           = 3~6次/年
  =外箱容量           2班
  不良率= 2%          5天
                     产品种类=50000
                     不良率 = 2%
```

					数据箱
		3分		10分（60秒）	处理时间 =121分(90秒)
3 天	3~6 月 (60~120天)	1天	3 月 (60秒)		交付周期 = 197.25~257.25天
98%	98%	98%	98%		准确完整率 =83.3%
(20000ppm)	(20000ppm)	(20000ppm)	(20000ppm)		
1	4	1	5 (1)		步骤 =42(4)

方式。

为了使之奏效，B&K 需要提前知道接下来一天所需要的零件，以便这些零件可以及时下达订单，并在区域零件配送中心装货，隔夜送达。经销商开展过精益服务，他们可以通过分析汽车的历史记录和预约信息获得一些零件需求信息。经销商可以在前一天订购这些零件，零件会隔夜送达，当客户将汽车开来时都已准备妥当。

然而，有些零件的需求只有当机修技师修理汽车的时候才会知道。这种零件只有当天送达才能满足客户当天取车的需求。Alpha 汽车公司决定对这种情况也应用循环取货方式。如果经销商在中午 12 点前诊断好汽车，并确认手上没有库存，Alpha 汽车公司可以在下午 3 点前将零件送达，为经销商提供足够时间来完成必要的工作，使客户可以当天取车。

这些改善会使经销商的业务表现产生巨大变化。B&K 不仅减少了库存零件的种类，也减少了每种库存零件的库存量。这里最重要的因素是经销商现在可以当天获得在区域零件配送中心的 5 万种零件，而不仅仅是 B&K 目前存储的 4000 种零件。库存周转次数从目前每年 10 次（基于现有的系统，已经是表现很好的了）提高到每年 100 次，同时准时交货率大幅提高。由于在每一家 Alpha 汽车公司的经销商都有重复的大量库存，因此在整个零售网络中会有巨大的节省。

团队在此过程中学习到，由订单驱动的快速补货物流准确地反映了当前需求，与由预测驱动的批量送货系统相比，服务客户效果大幅提高，却只需更少的投入和更低的总成本。为了使这个快速补货物流体系奏效，Alpha 汽车公司还需要在区域零件配送中心和全国零件配送中心的仓库里实施精益。他们所需要实施的丰田仓库管理系统的关键要素包括：

- 根据零件的尺寸和流转速度来决定零件存储位置。

- 开发标准化的工作循环，以进行整理、准备配料箱、取件和打包。

- 同步入库和出库工作流。

- 通过可视化管理系统，快速响应并解决问题。

- 发动所有员工在仓储运营中进行问题解决和持续改善。

如果区域零件配送中心给全国零件配送中心的订单，准确地根据区域零件配送中心每天给 Alpha 汽车公司经销商的送货量配送，且全国零件配送中心每天送货，则每个仓库的工作量也会均衡起来。

达到未来状态改善的下一步，是 Alpha 汽车公司每天从 Beta 雨刮器厂的成品库存中提取所需的零件。新的工作方式将采取循环取货的配送方式，除了 Beta 雨刮器厂的产品外，同时也会从其他供应商处取货。这种方式取代了目前的每周由 Beta 雨刮器厂仓库直接发货的方式。通过这种方式向上游发送清晰的拉动信号，使 Beta 雨刮器厂更为清晰地看到真正的客户需求。结果，对 Alpha 汽车公司来说，仓库的生产率至少实现了翻倍，同时待处理订单更少了，零件错发也更少了。

Beta 雨刮器厂已经进行了改善，可以在工厂里进行小批量多频次的生产。更为均衡的客户需求信号，加上采用每天而非每周取货的方式，使得 Beta 雨刮器厂每天可以生产出足够满足需求的雨刷器，并将它们放置于生产线末端，省去了存放到仓库中的需要。

所有这些改善积累起来，成果显著。虽然处理时间仅减少了一点点，从 121 分钟减少到 86 分钟（通过消除在 Beta 雨刮器厂仓库中的步骤），但总交付周期下降了 80%，从最好只能做到 197 天降低到只有 40 天。在整个价值流中，雨刮器订单数量、质量和交货准时性的完成率从 83.3% 上升到 95.7%。

反思

如果多个组织同在一条供应链价值流中，画出一直延伸到客户端的价值流是一项非常必要的活动，它可以帮助我们理解当前的状态，为后期的改善做好铺垫。在此，要特别提及由合作带来的以下三点重要的心得：

● 向上游传递订单的方式对系统的绩效起关键作用。批量订单是在大多数产品实体流动中的拖延浪费的根本原因，也往往是在许多时候存在为了满足由订单放大效应造成的不必要的高峰和低谷需求的隐性额外产能的根本原因。

● 大家的共识是：与需求相符的均衡化补货订单，加上实体流动过程的快速配送，远比由预测驱动的批量订单、生产和物流系统更有效率，也更有效果。

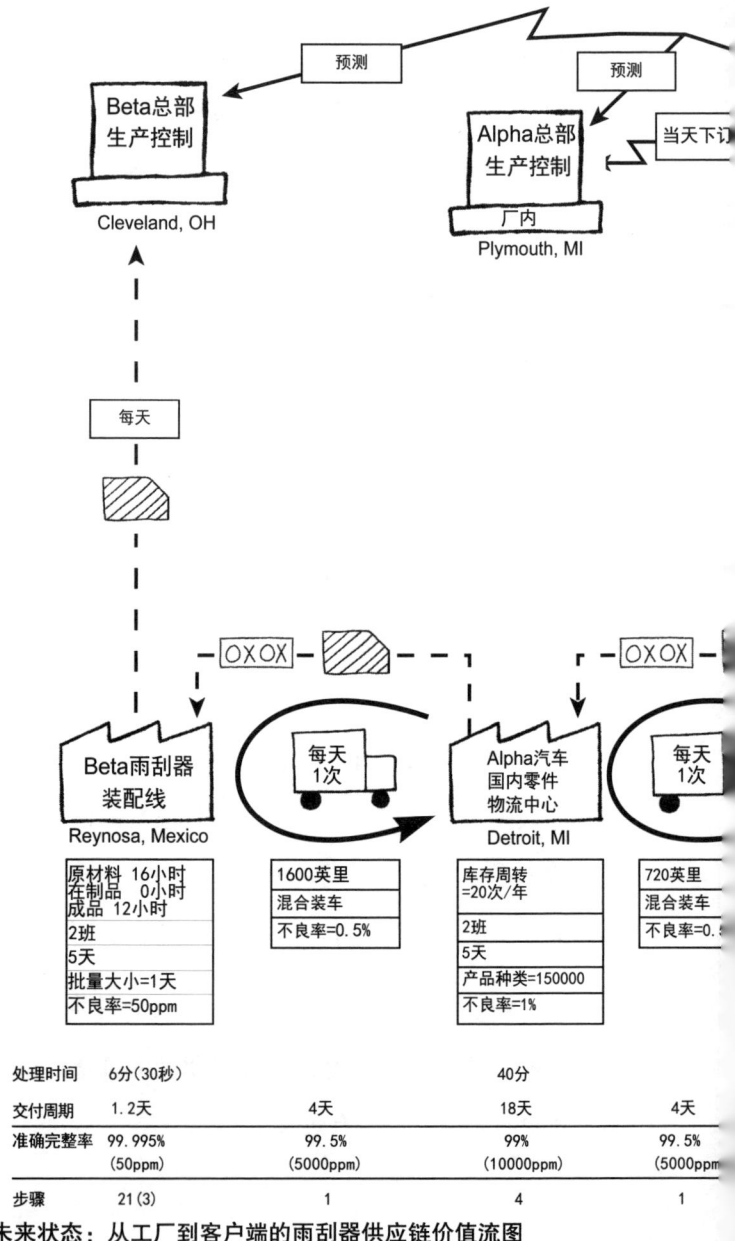

	Beta总部 生产控制 Cleveland, OH	←预测──	Alpha总部 生产控制 厂内 Plymouth, MI	←当天下订

每天

Beta雨刮器 装配线 Reynosa, Mexico	每天 1次	Alpha汽车 国内零件 物流中心 Detroit, MI	每天 1次
原材料 16小时 在制品 0小时 成品 12小时 2班 5天 批量大小=1天 不良率=50ppm	1600英里 混合装车 不良率=0.5%	库存周转 =20次/年 2班 5天 产品种类=150000 不良率=1%	720英里 混合装车 不良率=0.5%

处理时间	6分(30秒)		40分	
交付周期	1.2天	4天	18天	4天
准确完整率	99.995% (50ppm)	99.5% (5000ppm)	99% (10000ppm)	99.5% (5000ppm)
步骤	21 (3)	1	4	1

未来状态：从工厂到客户端的雨刮器供应链价值流图

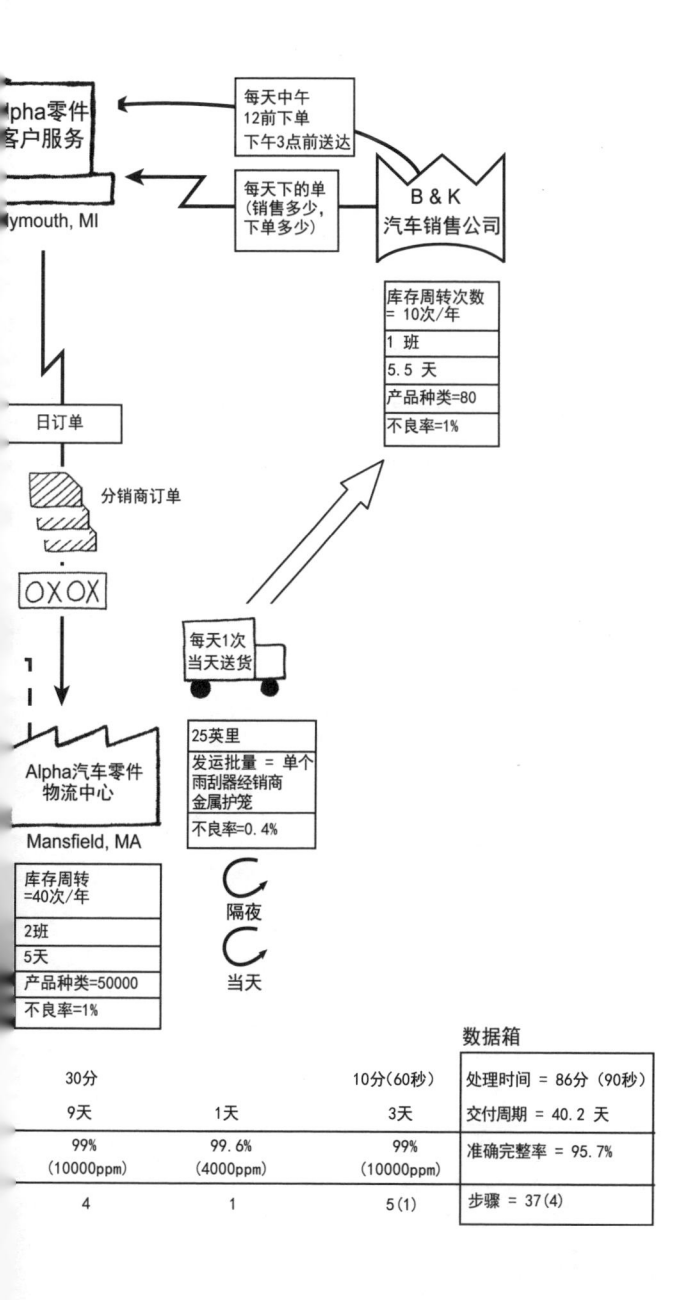

pha零件
客户服务

ymouth, MI

每天中午12前下单
下午3点前送达

每天下的单
(销售多少，
下单多少)

B & K
汽车销售公司

库存周转次数
= 10次/年
1班
5.5 天
产品种类=80
不良率=1%

日订单

分销商订单

OXOX

每天1次
当天送货

25英里
发运批量 = 单个雨刮器经销商金属护笼
不良率=0.4%

Alpha汽车零件
物流中心

Mansfield, MA

库存周转
=40次/年
2班
5天
产品种类=50000
不良率=1%

隔夜

当天

数据箱

30分		10分(60秒)	处理时间 = 86分（90秒）
9天	1天	3天	交付周期 = 40.2 天
99% (10000ppm)	99.6% (4000ppm)	99% (10000ppm)	准确完整率 = 95.7%
4	1	5(1)	步骤 = 37(4)

第六部分　关于供应链价值流的新观点 / 147

● 以预测驱动的批量订单扰乱了真实需求，这一点对于了解整个价值流的表现至关重要。

丰田公司为其日本的经销商设计的零件物流系统是世界上最好的供应流之一。这个系统中可以处理比沃尔玛更多品种规格（也称 SKU，Stock Keeping Unit）的零件，有着世界级的可以傲视群雄的服务水平和卓越的响应速度，而其成本却远远低于大部分的传统供应系统。下面的表引自《精益思想》一书，其中对 1994 年传统的汽车零件供应流与丰田公司在日本以及部分遵循丰田方式的其他美国汽车厂商在 1996 年的情况进行了

零件物流效率和服务水平 丰田美国和丰田日本						
	美国 1994 年		美国 1996 年		日本 1990 年	
	零件	天数	零件	天数	零件	天数
零件配送中心	5000	120	65000	30	60000	18
本地配送中心	–	–	–	–	15000	9
经销商	4000	90	6000	21	40	3
库存水平指数		100		33		19
服务水平	7 天以内 98%		1 天以内 98%		2 小时以内 98%	

备注：丰田美国有 7 个区域零件配送中心，服务 1400 家经销商。丰田日本有 33 个区域零件配送中心，服务 273 家配送中心，这些配送中心服务 4700 家经销商。（在美国，丰田的经销商也扮演着分销商的角色）每家库存的零件种类如上，对应的以日用量价值衡量的天数如上。平均以日用量价值的库存零件数量。库存水平指数是指每个系统中的总库存天数乘零件种类数量，在美国 1994 年为 100。

比较。看到这些结果，我们就不会对丰田零件物流系统的快速补货供应系统被日本的 7-ELEVEn 便利店和之后英国的乐购（Tesco）（参考下一篇文章）当作样板而感到意外了。

价值流分析在零售行业的应用——乐购（Tesco）案例[1]

丹·琼斯、大卫·伯朗特

下文描述了零售店快速消费品的价值流分析。我们应广大读者的要求增加了这个案例，为物流配送和零售环节的供应链价值流分析提供参考。

分析当前状态

总部设在英国的零售商乐购，是汽车行业以外最早学习丰田零件物流系统的公司之一。它的成功归功于重新设计的食品杂货商品供应网络，这使其在短短 10 年间从一家英国中型食品杂货零售商成长为世界第三大零售商。世界上其他的食品杂货零售商纷纷追随乐购的范例。最近，医疗行业的许多医院以及相关企业也在重新审视它们从制造工厂到使用端的供应流。

乐购采取的第一步是组建一个跨部门的高级经理团队，包括采购、供应链管理、财务、计划、物流配送和店面运营等单

---

[1] 乐购的案例在吉姆·沃麦克和丹·琼斯合著的《精益服务解决方案》第五章中，以及丹·琼斯和菲利浦·克拉克（乐购现任 CEO）在《有效客户反应期刊》(ECR Journal, Effective Customer Response) 2002 年冬季刊中有过描述。关于一罐可乐的供应链价值流的现状分析在吉姆·沃麦克和丹·琼斯合著的《精益思想》的第二章中有过描述。

位。这个团队与相关供应商的高层管理团队一同走访现场，观察整个流程，从零售商店开始，向前到乐购的区域配送中心（Regional Distribution Centre，后称"RDC"），再到供应商的全国配送中心（National Distribution Centre，后称"NDC"），最后到供应商工厂的配料准备和包装的现场。他们发现从来没有人这样做过，而且每个参与者对他们的发现都感到惊讶：从制造到销售的交付时间过长，其间每一个节点上都存在大量的库存、搬运和检验。这些浪费都汇总下页所示的"巧克力棒——现状价值流图"里。

接下来，由来自乐购和其供应商组成的团队一起画出公司之间的信息流。而这个信息流跨越了多家公司的工厂系统，他们从被触发的行动点（比如生产一个批量的产品，或发运一个托盘）开始，对信息流进行了简化（剔除不触发任何行动的信息），并从后向前追踪产生这些信息的销售数据或预测信息。这些简化的信息流被加到巧克力棒的实体流动过程中，形成了定稿的现状图。

实施未来状态

团队在供应链价值流中的几个节点上收集了最近几个月的

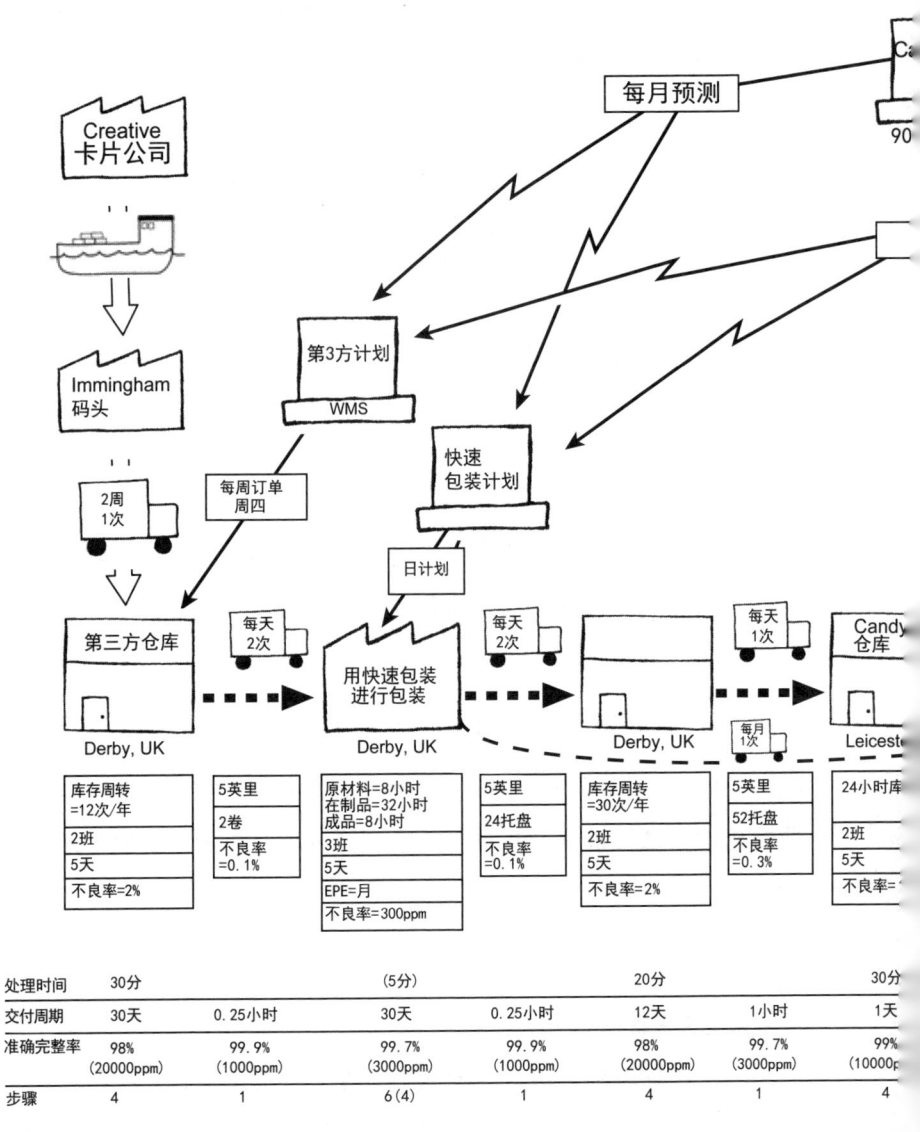

巧克力棒——现状价值流图

	Creative 卡片公司		第三方仓库 Derby, UK		用快速包装进行包装 Derby, UK		Derby, UK		Candy 仓库 Leiceste
	Immingham 码头								
			库存周转=12次/年	5英里	原材料=8小时 在制品=32小时 成品=8小时	5英里	库存周转=30次/年	5英里	24小时库
			2班	2卷	3班	24托盘	2班	52托盘	2班
			5天	不良率=0.1%	5天	不良率=0.1%	5天	不良率=2%	5天
			不良率=2%		EPE=月 不良率=300ppm		不良率=2%		不良率=
处理时间	30分				(5分)		20分		30分
交付周期	30天	0.25小时	30天	0.25小时		12天		1小时	1天
准确完整率	98% (20000ppm)	99.9% (1000ppm)	99.7% (3000ppm)	99.9% (1000ppm)		98% (20000ppm)		99.7% (3000ppm)	99% (10000p
步骤	4	1	6(4)	1		4		1	4

每月预测
第3方计划 / WMS
每周订单 周四
快速包装计划
日计划
每天2次 / 每天2次 / 每天1次 / 每月1次
2周1次

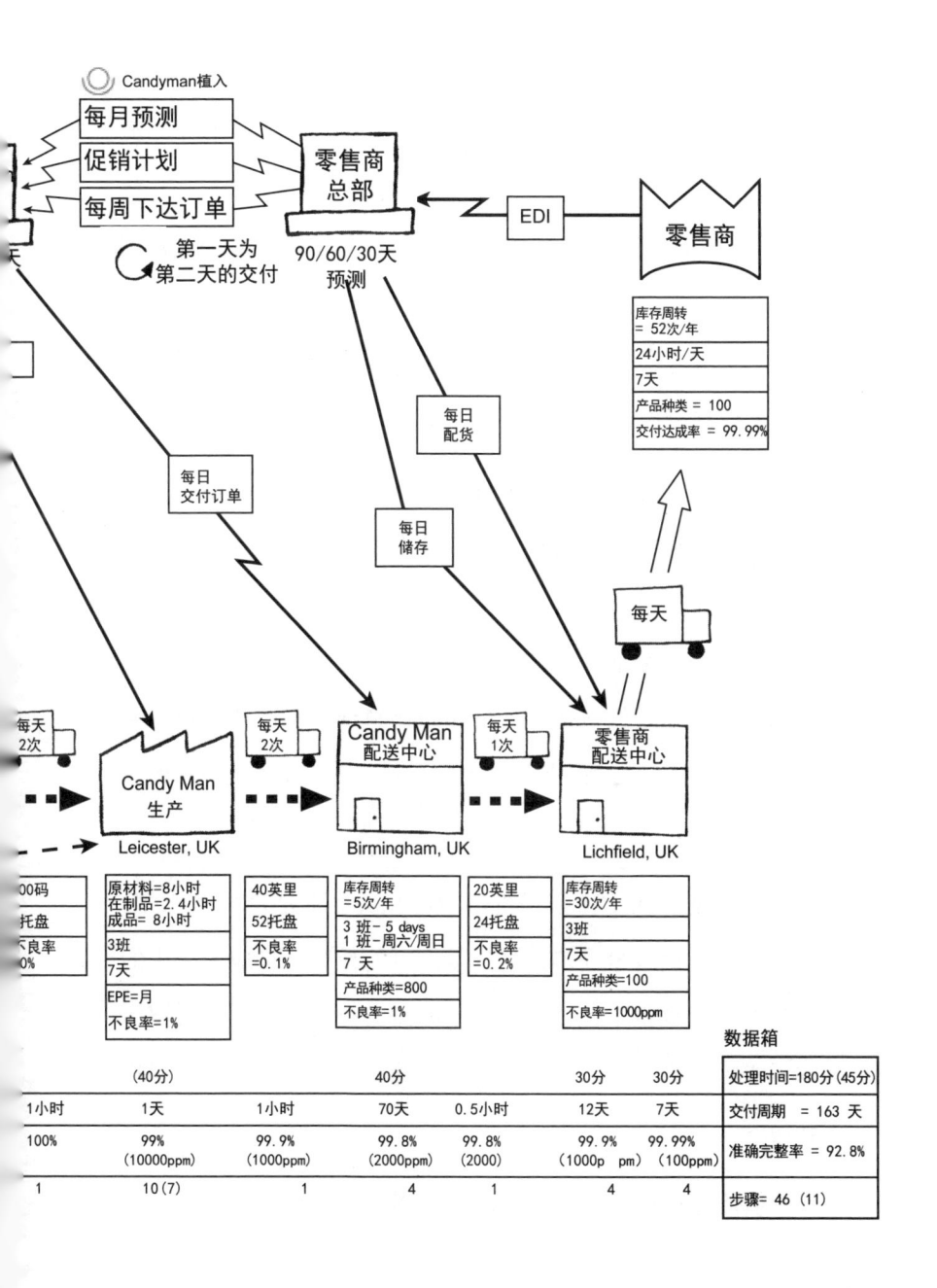

供应链价值流图

- Candyman植入
- 每月预测
- 促销计划
- 每周下达订单

零售商总部 ← EDI ← 零售商

90/60/30天预测

第一天为第二天的交付

库存周转 = 52次/年
24小时/天
7天
产品种类 = 100
交付达成率 = 99.99%

每日配货

每日交付订单

每日储存

每天

每天2次 → Candy Man 生产 — Leicester, UK

每天2次 → Candy Man 配送中心 — Birmingham, UK

每天1次 → 零售商配送中心 — Lichfield, UK

Candy Man 生产 (Leicester, UK)
- 原材料=8小时
- 在制品=2.4小时
- 成品= 8小时
- 3班
- 7天
- EPE=月
- 不良率=1%

Candy Man 配送中心 (Birmingham, UK)
- 40英里
- 52托盘
- 不良率=0.1%
- 库存周转=5次/年
- 3班 – 5 days
- 1 班 – 周六/周日
- 7 天
- 产品种类=800
- 不良率=1%

零售商配送中心 (Lichfield, UK)
- 20英里
- 24托盘
- 不良率=0.2%
- 库存周转=30次/年
- 3班
- 7天
- 产品种类=100
- 不良率=1000ppm

(左侧部分信息:00码, 托盘, 不良率, 0%)

数据箱
- 处理时间=180分 (45分)
- 交付周期 = 163 天
- 准确完整率 = 92.8%
- 步骤= 46 (11)

		(40分)		40分		30分	30分
1小时	1天	1小时	70天	0.5小时	12天	7天	
100%	99% (10000ppm)	99.9% (1000ppm)	99.8% (2000ppm)	99.8% (2000)	99.9% (1000p pm)	99.99% (100ppm)	
1	10(7)	1	4	1	4	4	

第六部分 关于供应链价值流的新观点

数据，包括商店销售、从 RDC 到商店的补货发运订单和从乐购到供应商的订单，并将这些数据与实际的生产、库存水平、供应商给 RDC 的发货量和 RDC 给商店的发货量进行匹配。他们发现了与雨刮器案例完全相同的情况：订单每向上游传递一次、需求量的变化率都会放大一倍。这种情况，即便是商店里销售很稳定，或预测销量很准的产品也都一样。

虽然提前好几个星期不准确的预测会导致批量订单和实际需求的偏差，但是团队发现，价值流上每家企业之间进行交接时的订单放大才是导致整个价值流上的库存，以及为此而产生的高峰和低谷的各种额外的生产运输和储存能力的罪魁祸首。换句话说，问题是供应链上的厂家自己造成的，而非大家通常假设的"需求无常的顾客"，因此只有通过零售商和供应商的通力合作才能消除。

双赢的基础在于：如果价值流的相关企业能降低放大率，使订单稳定与销售量同步，这样就有可能使整个供应流当中的产品实体流动变得平稳。价值流中的相关企业完全可以按照实际的需求量进行生产、运输和销售，同时致力于共同提升销售和利润。

价值流分析的过程中也发现了许多问题：供应流中的企业

对于最终客户需求的了解程度到底有多少？整个系统的运营表现如何，是否能够满足客户的需求？当时供应商的报告中称，他们满足零售商订单要求的水平是98.5%。然而，这仅是零售商要求，而且被供应商接受并确认了的订单。对零售商而言，供应商仅接受并交付了零售商希望下达的大约75%的订单，其他的订单在数量、时间和价格等方面都被打了折扣。

乐购估计，当时顾客在乐购的商店货架上找到想要货品的可得率大约是98.5%，高于同行业92%的平均水平。然而，尽管乐购服务水平还不错，可当一名购物者拿着有40样东西的清单的时候，他能找到的仅是他想购买货品的55%〔98.5%×98.5%……（相乘40次）＝55%〕，顾客在货架上找不到的货品只能通过其他的替代品来解决。尽管价值流的相关企业起初都抱着怀疑的态度，然而乐购早前的试验已经确认了一个结论，那就是当乐购试用网站下单的方式来提供家庭购物时，顾客订购的产品中有三分之一不得不使用替代品来满足。

价值流团队得出一个结论：改善当前状况的最快方式是将顾客购买最频繁的货品的货架可得率提高到100%（一个标准超市平均有3万个SKU，其中大约有300个SKU属于这类商品）。于是，这成了乐购最初在供应链优化中的焦点。关键是改变了衡量服务水平的标准，不是站在供应商的角度，而是从顾客的角度出发来看待"购物篮满足率"。对于这个案例而言，就是要让顾客能购买到他在购物清单上列出的货品。当然，这样的评价标准，对于供应商而言，也许会有一些不舒服。当团队向最高管理层汇报了这个例子的供应链图，以及价值流中估算的浪费成本后，很容易就说服了乐购的执管会。把"供应链中所有的红灯变为绿灯"，对乐购而言会获得巨大效益，对其供应商来说也可以共同增长销售与利润。

为了证明这个假设在零售业界的有效性，乐购接着进行了一系列的试验。而当公司高层看到试验的结果后，马上指示价值流团队继续完善运行的细节方案，并将这套新方案在整个乐购和相关供应商的价值流里推行。当这些改善措施不断到位后，供应的货品开始流动得更顺畅。

乐购当时进行的主要试验如下：

● 分析超市内补货的工作流程，重新思考货品布局，以减少搬运。

● 与供货量大的厂商共同设计带有轮子的手推车，在工厂生产线的后端将产品装上手推车，经过 RDC 运到商店，替换掉商店中的空手推车。这样就减少了许多不必要的库存和搬运。

● 与生鲜及畅销品供应商合作，设计货品包装，直接上柜，这也是为了减少店铺内的搬运。

● 重新设计商店订货系统，从隔夜的批量订单改为使用每天实际销售数量补货。

● 取消大部分供应商直接送货到商店的方式，改用频繁的"循环取货"方式从 RDC 有规律地送货到商店。

● 对数量大的产品建立不停留的越库仓储方式，尽量取消不必要的仓储和配货，仅保留少量的安全库存。

● 与参加试验的供应商合作，以一周为单位为供应商提供销售预测，每天深夜根据实际销售量和库存量下达第二天的补货订单。

● 使用"循环取货"方式从供应商处提取接下来一天的货品，而不像以前那样，每隔几天，等待供应商积累足够的数量，才安排一辆专门的卡车来装运。与选定的供应商共同努力，改变他们的生产系统，来生产满足每周甚至是每天的需求量（而不是不定期的大批量生产，以降低生产设备的换型时间）。[1]

---

[1] 这里所使用的方法在伊恩·格伦迪（Ian Glenday）所著的《突破流动》(*Breaking Through to Flow*)（2007 年由 LEA 出版）有描述。

随着这些项目在整个供应网络中开展,许多销量大的产品和生鲜产品的供应系统被不断改造。对客户而言,生鲜产品因此更为新鲜,货架可得率更高;对乐购和供应商而言,这意味着成本更低、销售更旺。刚开始的时候,乐购自有品牌和生鲜食品的供应商取得了更快速的进展。随后,当其他大品牌货品的供应商也开始进行精益转型时,他们开始学习如何按照需求以更小的批量生产,从以往按预测下订单的系统转变成按需求下订单的系统。

未来状态图总结了巧克力棒案例的收获。对这个高销量的产品来说,总的交付周期从 163 天下降到 63 天,同时一次准时正确送达商店的比率从 92.8% 上升至 97.7%。

乐购发现高销量的货品的快速响应供货模式也可以广泛应用到较小规模的商店,只要稍微增加一些成本。这为乐购在已有的超市和超大型超市以外,提供了建立现代便利店,或者邻里商店网络的机会。与此同时,乐购启动了家庭购物,可以在大型商店非繁忙时段进行配货,配合当地的物流公司有效运行。这种多形式的销售策略被世界上其他的零售商认可,并纷纷效仿。[1]

---

[1] 多形式策略在吉姆·沃麦克和丹·琼斯合著的《精益服务解决方案》的第六章里有描述。

乐购也开始将 RDC 作为中转枢纽来开发，更小型的区域性供应商通过"循环取货"方式每天从供应商处取货，并以越库作业的方式将产品送到商店或乐购的其他 RDC。有些供应商甚至开始在有多家不同零售商的 RDC 聚集区周边设立较小规模的生产设施。这样的方式与先前集中大批量生产、跨过整个大区域远距离运输的形式截然不同，可谓潮流的逆转（实际上，不同的零售商在采用相同的选址模型软件来决定仓库的选址方案）。

反思

快速消费品的供应链价值流图的价值在于以下四个方面：

● 在价值流上的每家相关企业都能看到每个节点上的实际情况，促使每个机构进行更为细致的分析和汇总，找出改善和创新的点子。比如，使用带轮子的手推车；零售商从供应商处取货，而非供应商送货的传统方式，等。

● 系统中某一节点的行为对整个系统中其他部分的影响一目了然。例如，根据预测产生的批量订单会引发制造、库存和物流配送方面不必要的高峰和低谷。

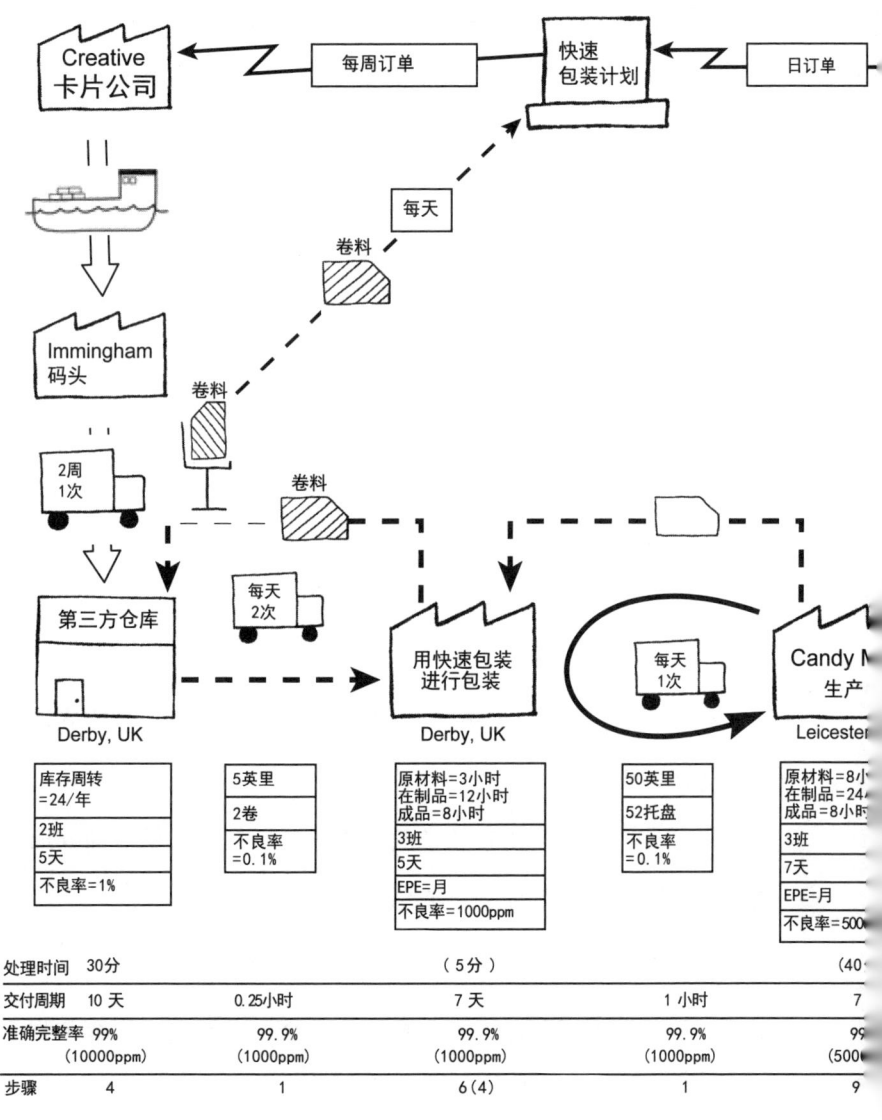

Creative 卡片公司		每周订单	快速包装计划		日订单	
Immingham 码头		每天 卷料				
2周 1次		卷料		卷料		
第三方仓库	每天 2次		用快速包装进行包装	每天 1次		Candy M 生产
Derby, UK			Derby, UK			Leicester

库存周转 =24/年 2班 5天 不良率=1%	5英里 2卷 不良率 =0.1%		原材料=3小时 在制品=12小时 成品=8小时 3班 5天 EPE=月 不良率=1000ppm	50英里 52托盘 不良率 =0.1%		原材料=8小 在制品=24 成品=8小时 3班 7天 EPE=月 不良率=500

处理时间	30分			(5分)		(40
交付周期	10天	0.25小时		7天	1小时	7
准确完整率	99% (10000ppm)	99.9% (1000ppm)		99.9% (1000ppm)	99.9% (1000ppm)	99 (500
步骤	4	1		6(4)	1	9

巧克力棒——未来状态图

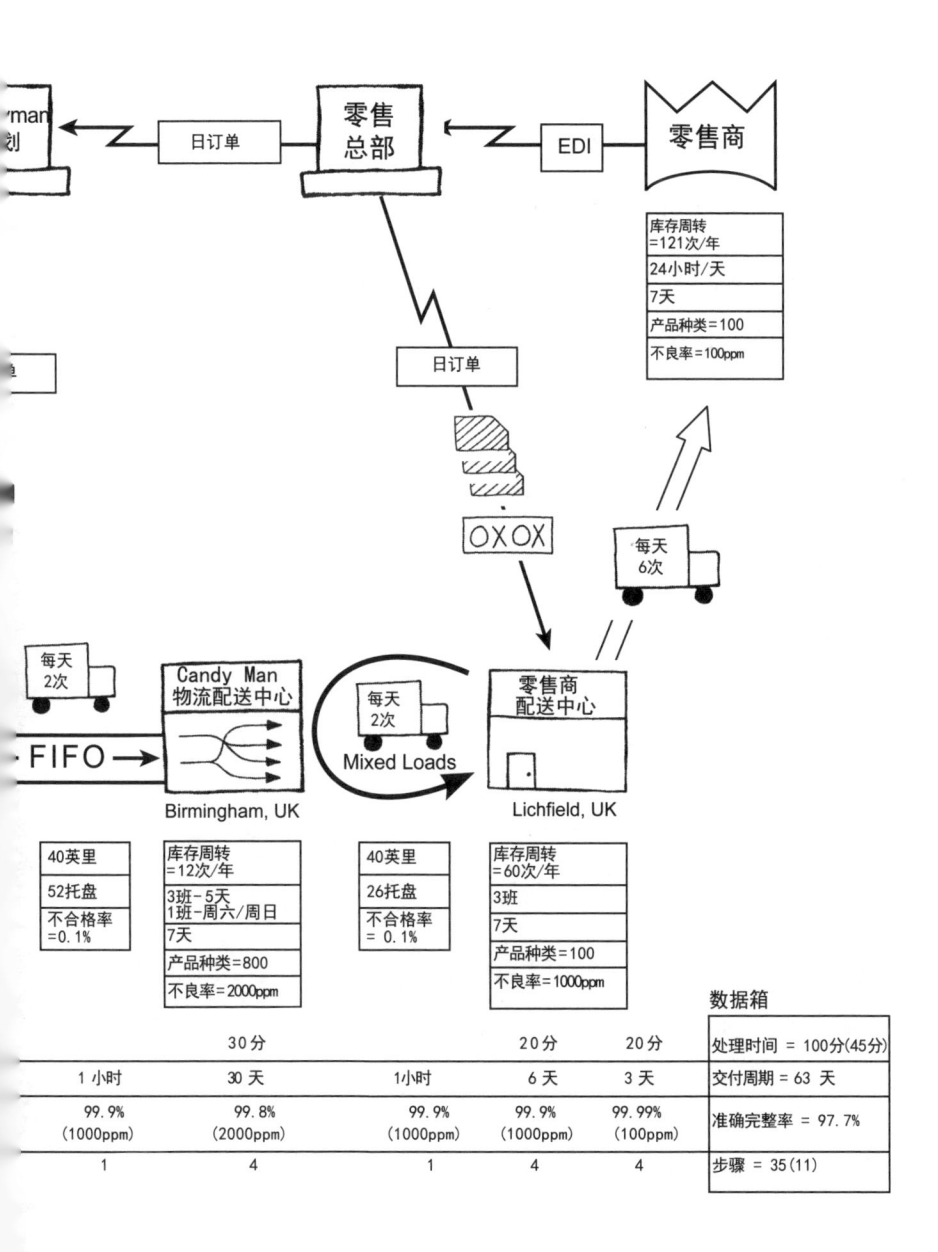

						数据箱
	30 分			20 分	20 分	处理时间 = 100分(45分)
1 小时	30 天	1小时		6 天	3 天	交付周期 = 63 天
99.9% (1000ppm)	99.8% (2000ppm)	99.9% (1000ppm)		99.9% (1000ppm)	99.99% (100ppm)	准确完整率 = 97.7%
1	4	1		4	4	步骤 = 35(11)

零售总部 ← 日订单 ← EDI ← **零售商**

库存周转 =121次/年
24小时/天
7天
产品种类=100
不良率=100ppm

日订单

OXOX

每天 6次

Candy Man 物流配送中心 — 每天 2次 Mixed Loads → **零售商配送中心**

Birmingham, UK Lichfield, UK

每天 2次
FIFO →

40英里
52托盘
不合格率 =0.1%

库存周转 =12次/年
3班-5天
1班-周六/周日
7天
产品种类=800
不良率=2000ppm

40英里
26托盘
不合格率 = 0.1%

库存周转 =60次/年
3班
7天
产品种类=100
不良率=1000ppm

- 通过衡量"购物篮满足率"指标,并专注于少数快速流转的项目,可以更清楚地了解价值流的实际需求和各个价值流节点满足需求的实际业绩表现。

- 寻找机会、通力合作,有助于实现多赢,得到改善的是整个价值流,而不再是企业各自为政。

安镁联盟的供应链价值流——一位 CEO 的实践

马修·勒夫乔伊

安镁联盟 北布鲁克，伊利诺伊

安镁金属是一家铝合金精密铸造加工制造公司，总部位于芝加哥北部。我们在巴西、中国及葡萄牙设有制造工厂，使用相同的机器和模具，制造类似的铝铸件产品。我们为全球客户从距离最近的生产基地交付产品，因此对于总成本的差异有独到的见解。

当 2001 年互联网泡沫崩盘时，我们在电信业的主要市场几乎消失殆尽，为了挽救公司，我们所有的工厂开始学习和实践精益思想。那时，同行业约 70% 的工厂要么在忙着合并，要么在申请破产；而我们的企业却在降低成本、缩短交期、提升品质和扩大客户群等方面做出努力，并获得了显著的成功。

到 2007 年，我们虽然感觉自身运作得不错，但也意识到，倘若我们的客户和供应商不愿意做同样的调整，并协调彼此的行动，我们很难有更大的飞跃。我们需要与价值流上的所有企业和工厂一起传播精益理念，实施精益方法，一起解决共同的问题。

当时，我们每天都面临客户降价的要求。有些客户只对降价感兴趣，并不理会供应商的实际成本，只想拿到他们所谓的"中国价格"。作为一家不具有知识产权的制造商，而且模具也是客户所有，我们格外容易受到挤压。尽管如此，我们仍需要为生存奋战。

（由于在中国有工厂，因此我们对中国成本有发言权。我们知道，很多关于成本节省的想法其实是虚幻的。过长的价值流，尽管出厂价较低，但加上额外的运输、仓储以及管理费用，总成本到头来也几乎打平。但是我们依然需要回应客户降价的要求，有时甚至面临失去业务的威胁，一直要等到客户自己发现所谓的"节省"其实是子虚乌有。）

那段时间，我字斟句酌地咀嚼了第一版《综观全局》，并与我的管理团队分享该书中的方法。我们决定做一个试验，尝试三条重要的价值流，希望将每条价值流涉及的关键参与者组成一个团队，包括：原材料供应商（铝锭）、直接客户（将我们生产的铸件装进一个产品部件中的公司）、OEM 客户（将部件放进成品的公司），以及终端顾客（使用最终成品创造价值的人）。目标是验证一个简单的假设：通过从原材料到终端顾客价值流的分析，大家可以从降低成本、缩短客户需求的响应时间及提高质量中获利，并且获利的幅度是每家公司单独采取行动不可能达到的。更难得的是，要让同一条价值流上的我们有机会在一起讨论除了降价以外的事务。

我们向每条价值流的参与者提议抽出一周时间，一起到现场观察，绘制出现状图，设计未来状态。鉴于企业希望赢利，而顾客希望自己的需求得到更有效的解决，如果在降低成本的同时，还能提高质量，改善响应能力，那企业何乐而不为呢？

当我们跟第一条价值流的相关公司提出这个构想时，他们的直接反应是："你们是想我们派员工花一周时间帮助你们提高运营效率？""不是的，"我们回答，"我们是希望你们派员工来参与改善我们共有的价值流。"但他们不以为然。毕竟，安镁是价值流中规模最小的厂商。作为一家二级供应商，还从来没有先例。

第二条价值流上的公司虽然客气一些，但是也不为所动。这条价值流的 OEM 那时正忙于和咨询顾问讨论如何关闭芝加哥的打印机工厂，把生产线转移给中国的代工厂，以此来达成所谓的"中国价格"。

（这家公司 93% 的销售额都在北美洲完成，所以大多数在中国生产的打印机经过海运送到芝加哥的仓库。把工厂外包虽然省却了一些工作，但是费用并没有节省多少。2007 年，该公司的毛利润为销售额的 48%。在完成搬迁后的 2010 年，这一数字仍然是 48%。那么，搬到中国节省下来的 30% 到哪儿去了呢？在此期间，销售额增长了 10%，但营业利润占销售额的比例从 16.5% 下降到 15%。库存占营业利润的比例从 59% 增加到 79%。由此看来，把工厂搬移到中国的结果是，利润率下降，库存增加。这个改进价值流的逻辑可真令人难以信服。）

幸运的是，第三条价值流上的公司同意尝试这个供应链价值流的试验。其中关键的支持者是约翰·雷彭谢克（John Repenshek）先生，他是发动机制造公司的采购经理。他之所以能说服他的公司领导，是因为他们的客户是一家制造坐式割草机和铲雪机的公司，从事精益十年，在行业里居领导先地位。这家 OEM 公司也发现，仅在自身企业内部实施精益有其局限性。最终，作为安镁铸造原材料供应商的铝炼厂，以及使用割草机的那家农场也加入了价值流的小组。

最终包括了以下小组成员：

1. Trialco 铝炼厂——将饮料罐和其他废料熔炼成铝合金。

2. Acme（安镁）——压铸厂，用铝合金为发动机制造商加工铸件。

3. Kohler——发动机制造商，把安镁的铸件装配到发动机内。

4. Ariens——草坪割草机制造商，将发动机组装至割草机上。

5. Versign——肯塔基州的一家农场，在草地生长期，每周使用割草机为马场修剪草坪约 20 小时。

现状

价值流小组绘制出了一款安镁铸件的现状图（见下页）。在这个过程中，他们在图的顶部，发现信息流中存在很多断点。这张图也解释了为什么从饮料罐到割草机仅需 405 分钟的实际工作时间，却花了 96.5 天来完成，其间的增值时间比例为 0.3%。尽管所有的制造商都在密歇根湖西岸几英里的距离内，却要花费三个多月的时间才能完成一台割草机！

由于在一起绘制现状图，大家决定把各种营运的考虑因素都摆在桌面上讨论：部件的规格、价值流中各个活动的地理位置、一年的需求模式、终端顾客下发订单后可接受的等待时间等。就铸件所使用的铝合金来说，它是超出还是低于客户的实这张图展示了从熔炼厂的原材料（易拉罐）到美国肯塔基州凡尔赛的终端用户，整个过程中全部的交付时间。

这张图主要测量的是库存、时间、不良品及流程周期效率。

季节性非常重要，发动机制造工厂或压铸工厂并不会因为旺季而提高整体的生产能力；在淡季也没有相应的产品使全年的生产均衡化。

关于改善工艺时间或消除浪费，没有任何的评论。这张图仅供评估整个供应链价值流所用。

2007年10月12日，安镁精益周期间绘制。参与人：Bascum Stacy（农民），Paul（割草机

度量值	价值	度量单位
工作日/工作周	5	天
每天工作时间	20	小时
可工作时间/周	360000	秒
需求/周		单位
节拍时间*	0	秒
目标交付期	<30	天

AcmeAlliance

加工度量标值		
加工时间	405	分
增值时间***	405	分
质量测量（铸件）	47200	DPPM
库存和周转		
库存（在制品&成品）**	96.5	天
周转距离	710	英里

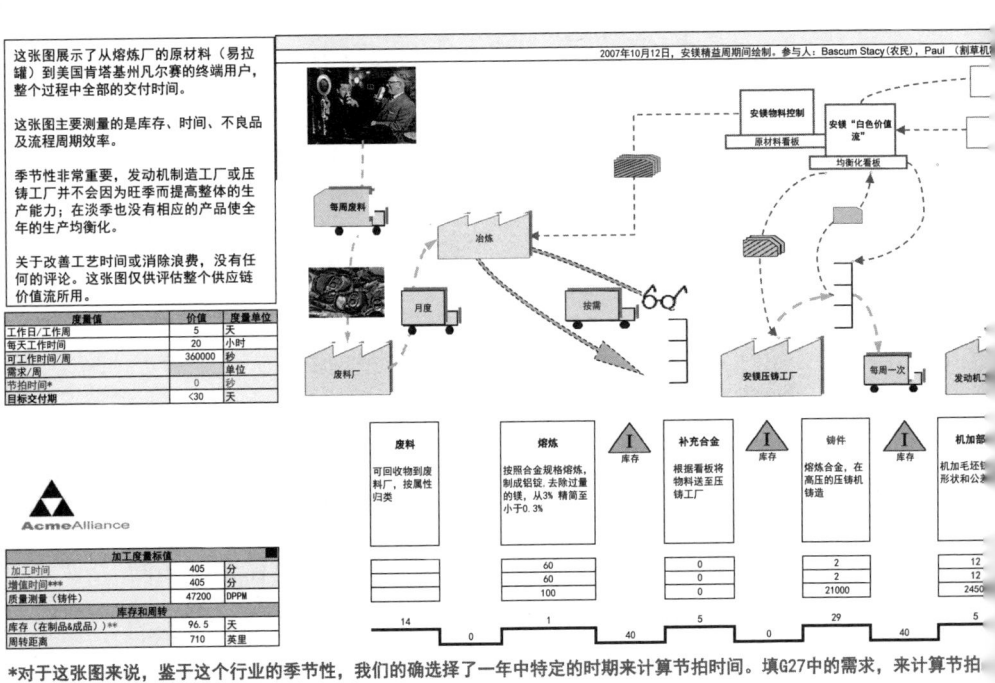

图中标签：每周废料、冶炼、月度、按需、废料厂、安镁压铸工厂、安镁物料控制、原材料看板、安镁"白色价值流"、均衡化看板、每周一次、发动机

废料 / 熔炼 / I 库存 / 补充合金 / I 库存 / 铸件 / I 库存 / 机加部

可回收物到废料厂，按属性归类

按照合金规格熔炼，制成铝锭，去除过量的镁，从3% 精简至小于0.3%

根据看板将物料送至压铸工厂

熔炼合金，在高压的压铸机铸造

机加毛坯件，形状和公差

	60	0	2	12
	60		2	12
	100		21000	2450

14　　0　　1　　40　　5　　29　　40　　5

*对于这张图来说，鉴于这个行业的季节性，我们的确选择了一年中特定的时期来计算节拍时间。填G27中的需求，来计算节拍
**库存周转天数根据季节性，从负数变成最高120天。
***对于这张图来说，不计算各道工序中没有浪费，加工时间和增值时间是相等的

安镁联盟供应链价值流——现状图

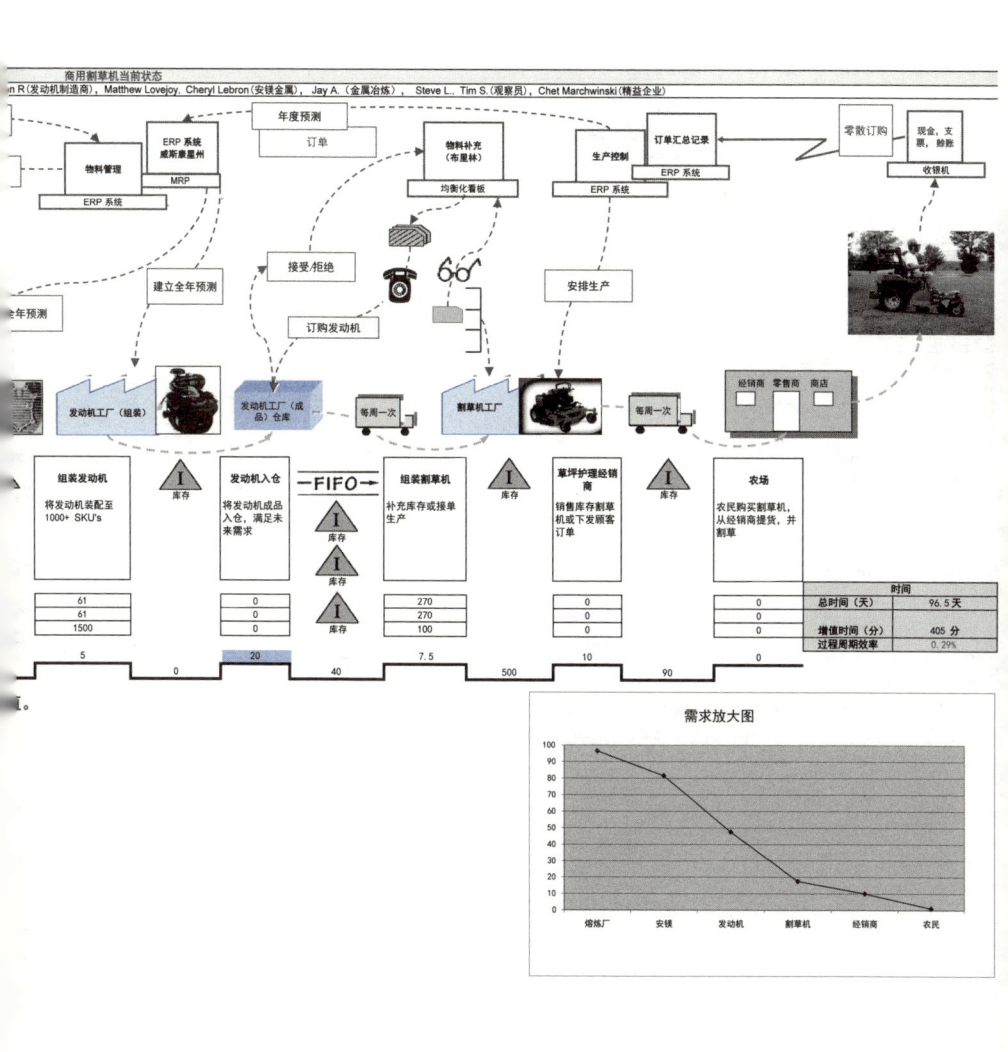

商用割草机当前状态

R（发动机制造商），Matthew Lovejoy，Cheryl Lebron（安镁金属），Jay A.（金属冶炼），Steve L.，Tim S.（观察员），Chet Marchwinski（精益企业）

								时间	
								总时间（天）	96.5 天
	61	0		270	0		0	增值时间（分）	405 分
	61	0		270	0		0	过程周期效率	0.29%
	1500	0		100	0		0		
	5	0	20	40	7.5	500	10	90	0

需求放大图

（图表：熔炼厂 ~95，安镁 ~80，发动机 ~48，割草机 ~18，经销商 ~5，农民 ~2）

这张图展示了从熔炼厂的原材料（易拉罐）到美国肯塔基州凡尔赛的终端用户，整个过程中全部的交付时间。

这张图主要测量的是库存、时间、不良品及流程周期效率。

季节性非常重要，发动机制造工厂或压铸工厂并不会因为旺季而提高整体的生产能力；在淡季也没有相应的产品使全年的生产均衡化。

关于改善工艺时间或消除浪费，没有任何的评论。这张图仅供评估整个供应链价值流所用。

度量值	价值	度量单位
工作日/工作周	5	天
每天工作时间	20	小时
可工作时间/周	360,000	秒
需求/周		单位
节拍时间*	0	秒
目标交付期	<30	天

经过确定，粉色部分在减少和改善中实现的价值：$16,000,000

AcmeAlliance

加工度量标值		
加工时间	405	分
增值时间***	405	分
质量测量（铸件）	17,700	DPPM
库存和周转		
库存（在制品&成品）**	49.5	天
周转距离	710	英里

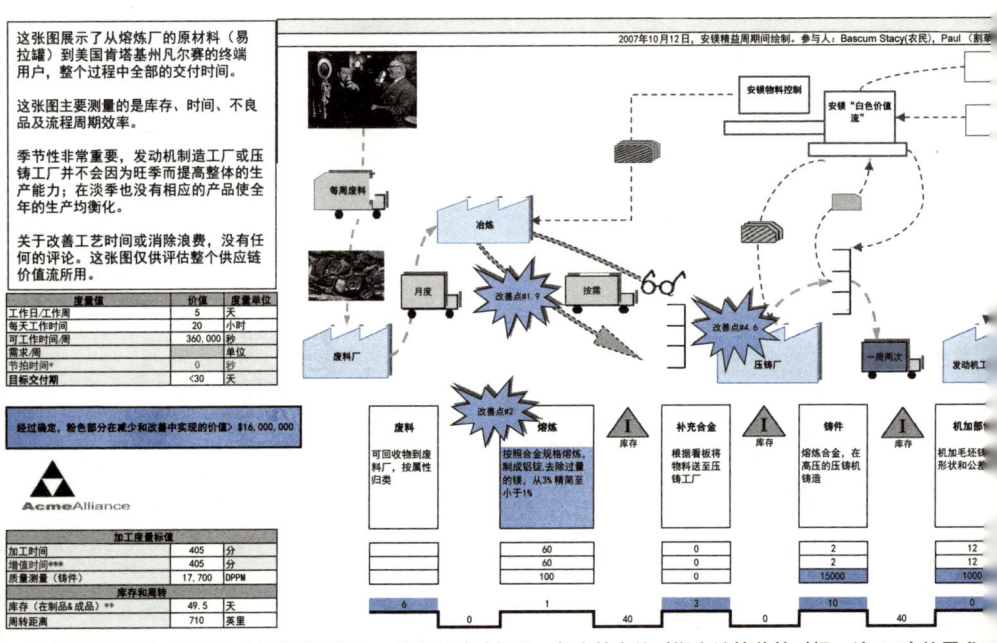

2007年10月12日，安镁精益周期间绘制。参与人：Bascum Stacy(农民)，Paul

*对于这张图来说，鉴于这个行业的季节性，我们的确选择了一年中特定的时期来计算节拍时间。填G27中的需求
**库存周转天数根据季节性，从负数变成最高120天。
***对于这张图来说，不计算各道工序中没有浪费，加工时间和增值时间是相等的

安镁联盟供应链价值流——改善目标

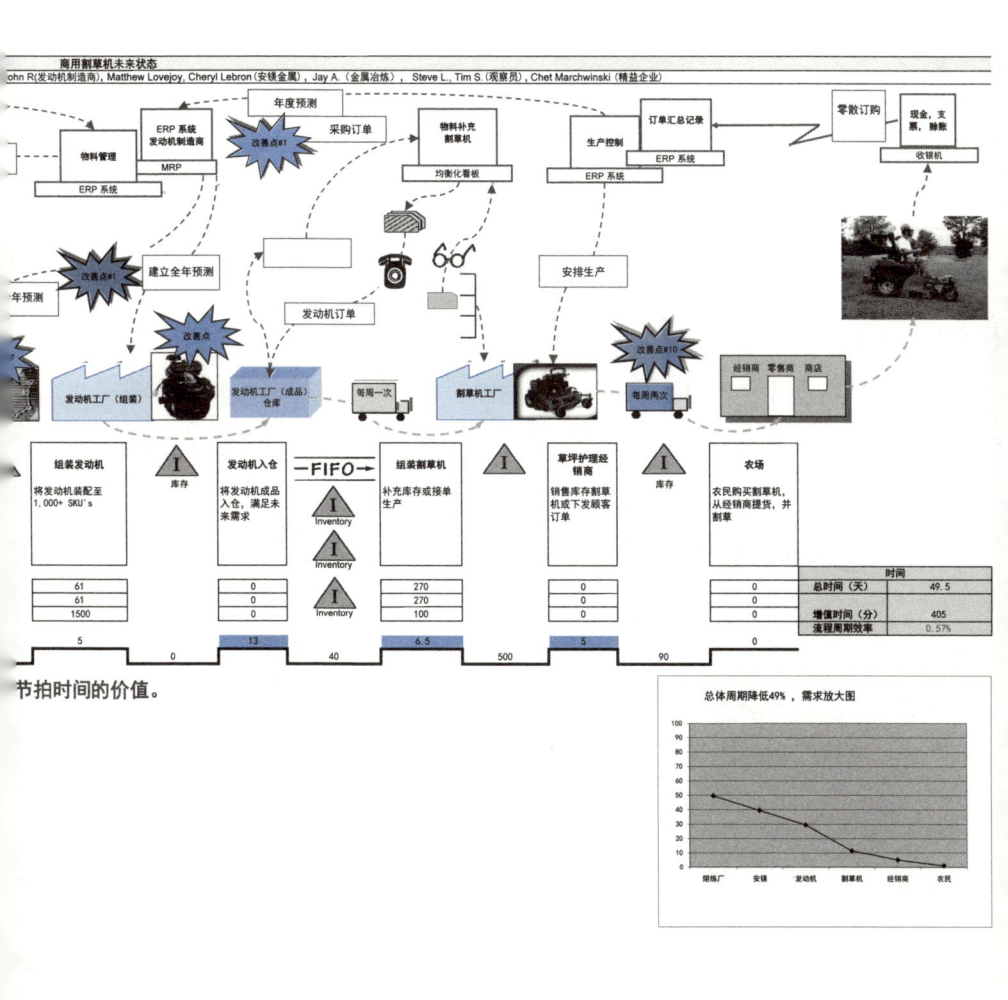

商用割草机未来状态

John R(发动机制造商), Matthew Lovejoy, Cheryl Lebron (安锁金属), Jay A. (金属冶炼), Steve L., Tim S. (观察员), Chet Marchwinski (精益企业)

	组装发动机		发动机入仓		组装割草机		草坪护理经销商		农场		
	将发动机装配至 1,000+ SKU's	库存	将发动机成品入仓, 满足未来需求	Inventory / Inventory	补充库存或接单生产	库存	销售库存割草机或下发顾客订单		农民购买割草机, 从经销商提货, 并割草		时间
										总时间 (天)	49.5
	61		0		270		0		0	增值时间 (分)	405
	61		0		270		0		0	流程周期效率	0.57%
	1500				100						
	5		13	40	6.5	500	5	90			

节拍时间的价值。

总体周期降低49%, 需求放大图

第六部分 关于供应链价值流的新观点 / 171

际需要？某些操作，诸如机加工，应该放在上游工厂还是下游工厂进行？是否可以采取措施，使全年的部件需求均衡化？如果我们按照客户的精确订单要求进行加工，更快地交付，客户会认为我们的产品更有价值吗？

改善目标

最终，价值流小组提出了 13 条改善建议（见上页），包括将机加工序转移到上游，紧跟在铸件完成之后，以便更及时地发现铸件可能存在的质量问题；开发一种带有扫雪功能的发动机，来平衡坐式割草机淡旺季的需求；采用拉动生产取代所有的 MRP 物料计划系统。

但这只是五家公司的初次合作，大家第一次与上下游的合作伙伴一同关注共享的价值流。所以小组决定，基于三个切实可行的目标来实现第一个未来状态的愿景：

1. 消除铝合金过度加工的要求。安镁了解到现行规格超出了客户的实际需求。

2. 增加价值流中几个节点上的送货频率。

3. 根据现场观察中发现的现实情况，调整所有 MRP 系统中的假设数据。虽然还不是一个拉动系统，但这一步将使各 MRP 系统作出较为精确的生产指令，因此减少了价值流中的在制品库存量，并导致需求放大效应降低。

预期结果是交付期减半，库存减半，需求放大效应减半。

价值流小组的成员回去后，各自执行已商定好的改善项目，并没有很多烦琐的正式规则。此外，因为每家企业都可以自行实现改进，并自行受益，不需要很多的协调，因此也不需要许多追踪会议。但是，这次价值流图绘制的经历还是带来了一个神奇的结果：各家企业学会了互相讨论供应链价值流的现实情况，而不再像以前那样只谈单价、要求降价，而不管如何实现。随着时间的推移，彼此间的关系也变得更加稳固。

在 2011 年，我受 LEI 精益高峰论坛之邀，将小组成员聚集到一起，分享我们有关供应链价值流的改进经历。五家企业的代表在台上向大家汇报以下内容：

1. 基于供应链价值流分析合作的正面经验，安镁决定选用 Trialco 为其铝材独家供应商（取代其他五家），并实施了一个拉动系统来给 Trialco 下较为均衡的订单。这在以前是绝对不可能的，因为过去 Trialco 基本上是以安镁根本看不懂的秘密方式来安排生产和调度。

2.Trialco 在价值流现场观察时看到安镁缩短换模时间的效果，因此回去后使用在自身企业的运营里，大大降低了合金生产品种切换的速度。这意味着它可以更有效地为安镁小量频繁供货，这减少了安镁的铝材库存量，从以前的两周缩短到目前两天的水平。

3.Kohler 和 Ariens 增加了彼此之间的送货频率，以及给客户的送货频率，同时也设法改善了当前的复杂调度系统。

4.正如未来状态图中的设想：从头至尾交付期减半，库存也减半，需求放大效应大幅下降。

5.所有企业通过相互学习，把好的方法应用到各自的生产流程中。相比于2007年的价值流图，价值流中每家企业获得的收益都远远超出之前精打细算的传统降价。

6.大家不再讨论每年的成本下降，或者"中国价格"，因为大家都意识到有更有效的方法，那就是与客户和供应商一起讨论共有的价值流，一同面对竞争激烈的现实。（实际上，Kohler 不但没有将订单转移，反而增加了给安镁芝加哥工厂的铸件订单量达10倍之多。）

最后，一个象征性的胜利是：五家企业都愿意上台与大家分享他们所取得的成就、遇到的问题，以及如何一起去观察供应链价值流。换作在 2007 年我们发现这个新方法之前，这件事是不可能发生的。

地理位置的成本

吉姆·沃麦克、马修·勒夫乔伊

当今世界上多数公司都是以财务为企业管理的导向,各级管理者的主要任务之一是计算各种成本。由于各国之间对相同工作的工酬,包括从生产线工人到工程师乃至经理,都存在明显的差异,这就要求我们持续地追踪各地区的具体成本。这篇文章将尝试围绕这个问题,提供一些关于成本计算的指导意见,通过关注我们称为"连接成本"的一种特殊成本,帮助大家更方便地计算出成本。对连接成本的计算最终会影响到对地理位置的决策。

《综观全局》的第一版就如何确定和顾客相关的给定价值流中供应商地理位置的步骤提供了一些建议,目标就在于更有效地满足顾客在成本、质量和响应方面的要求(参见第119页)。

许多读者,特别是那些来自大型的、以财务为导向的跨国公司的读者告诉我们,他们需要进行更详尽的价值流成本分析,以向上层领导说明需要采取的行动。同时,我们也看到许多公司把沿着产品价值流的每一个步骤的成本包含到价值流分析之中。

这是正常的。但是我们同时也看到，许多公司专注于计算价值流内部的制造成本以及运输成本，而忽略了许多其他成本因素。的确，我们在最近几年经常看到一些事例，一些公司仅计算企业内的成本，然后再在此基础上加上一些估价相对偏低的运输成本。（实际上，也有一些公司的采购部门没有计算总成本，因为他们仅仅关注如何从远在天边的供应商处取得单价低的投标。）

一个较为现实的分析是确定"总成本"，这个概念常常被人提起，要求计算中包含供应链价值流连接和管理所有各项活动的成本。虽然估算每一项成本相当困难，但是把这些成本汇总起来却相当可观：

- 在高劳动成本国家生产时，会有各种间接成本被分摊到产品的成本上。当生产转移到低劳动成本国家时，看起来这些分摊的成本会消失，但实际上通常不会。真正发生的是，这些成本被重新分摊到保留在高劳动成本国家生产的那些产品上，提高了那些产品的表面成本。

- 产品从一个较低劳动成本水平的生产地经过长途运输，送达顾客所在地的过程中产生的额外的在途库存成本。

- 额外的安全库存成本，这部分库存是用以保障下游的生产活动，以预防供应链断裂对顾客造成的影响。

- 昂贵的加急运输成本。（我们经常发现，加急运输在未来状态的计划中很少被考虑到，要做到这一点当然是可能的，但多数情况下并未真正做到。）

- 额外的售后成本，尤其当新的生产工厂或供应商需要较长时间来学习的时候。

- 为了保证工艺流程和产品质量的要求，工程师跨区域旅行到现场考察，或者设立驻厂工程师的成本。

- 为了了解生产状况，以及理顺与在另一个商业环境里供应商关系的高管们跨地区的考察成本。

- 由于零部件的交货期长所产生的缺货或者丧失销售机会的成本。

- 由于产品工程设计变更而导致的成品返工费用，以及报废品的成本。

- 由于基于长期预测的生产计划与实际需求不符而产生的剩余库存和报废库存。

此外，对于将生产活动放在离客户较远的地方进行还有三个重要的风险因素，并很可能演化为成本：

- 低成本地区的代工企业，有可能很快成为你的竞争对手。

- 汇率变化带来的货币风险。

- 由于生产国当地的工资水平提高带来的工资风险。

- 由于发运国的政治不稳定性，或者发运国与收货国之间的贸易摩擦，或者收货国失业率增加等因素而产生的风险。这类风险一般发生迅速，而且猝不及防。

以上这些成本都与"连接"问题有关，也就是供货商和顾客之间紧密联系，有时甚至超越一般供货商自身的成本以及运输成本。这些成本比生产工厂的工资成本及慢速运输的运价更难估算，但是近年来随着大量生产由高薪酬地区向低薪酬地区转移，这些成本变成重要的考虑因素。价值流小组可以确认的唯一一件事情是，如果价值流和顾客所在地是同一个国家或者地区，这些风险和成本都将变得很低或者根本不存在。（上面提到的这些风险和由此产生的结论，来自吉姆·沃麦克的《现场观察》一书中"把你的生产线迁移到中国吗？先做好精益的数学题"的章节。）

估计这些额外的连接成本，并对整个供应链价值流上每个机构进行详细的成本分析，听起来很可怕，但通常来说，大家只需计算由于重新安排价值流中的一些步骤而产生的成本。安镁联盟的马修·勒夫乔伊先生（前文的作者）提供了以下的案例，运用这种方式进行了价值流的成本计算。我们相信这个案例会对读者有所帮助。

一家美国的主机厂客户告诉安镁，他们收到了一份来自中国供货商的报价，比在安镁芝加哥工厂供货的铸件价格低很多。安镁建议客户和他们一起，对他们共有的供应链价值流做一个成本分析。分析结果明显指出，交付周期从当前的 12 天延长到 115 天。

潜在的成本节约和生产交付周期的延长相比，值得吗？安镁和客户就当前的出厂价（14.19 美元），以及由于生产转移到中国以后所需承担的额外成本进行了成本分析（见下表）。

由于生产转移到中国供货商而带来的额外成本

额外运费(集装箱和铁路运输)	0.27 美元
关税(国内供货无须支付)	0.40 美元
额外持有安全库存的成本 *	1.87 美元
额外的生产交付周期	0.14 美元
加急空运(一年两次)	0.25 美元
供货商审核(一年四次)	0.26 美元
增加的售后和废品成本(由于发现废品的时间大大推迟)	0.21 美元
先期产品质量计划(APQP)和工装设计	0.34 美元
切换风险成本(现价的10%)**	1.42 美元
全部额外成本	**5.16 美元**

* 这是一个机会成本,通过用安全库存所需的额外资金成本乘公司的投资回报率估算出来。因为距离从60英里的卡车运输增长到6000英里的多方式联运,其中需要增加非常多的安全库存。

** 安镁和客户同意,除非有一个相当高的差价,否则安排一个远距离的不知名供货商供货是说不通的。10%的切换风险成本是客户对切换至远距离的新供货商所带来的可能风险的估计。

安镁和客户得出一个结论,若中国的供货商能提供低于9.03美元单价的话,客户才值得认真地考虑重新选择供应商。这个计算,比那些大型财务导向的企业对单件成本的核算方式要简单得多,但它使客户的决策过程有一个非常专业的分析框架,并且在产品生命周期不可知的条件下,能得到更好的答案。

观察一个跨越全球的完整供应系统

丹·琼斯

最后这篇文章将供应链价值流分析的范围扩展到为一个复杂部件产品提供原材料的所有价值流。归总起来，这就是这个部件产品的供应系统。这个供应系统应该在其各个机构内部及各个机构之间都尽可能的精益。随着这个系统分析的完成，以及价值流通过第一阶段未来状态和第二阶段未来状态得以改善（依照本书的方法），一个亟待回答的问题是，价值流上的每个机构应该建立在全球范围内的什么地点最合适？这是为了实现雨刮器价值流理想状态的一个重要任务。

本文分析的这个案例来自一家大型国际制造企业。这家企业读了本书的前言，受到启发，决定重新分析制定自己的采购策略。

综观整个系统

对供应链价值流图分析的另一个有力运用是跟踪构成最终产品的所有重要零部件的供应路径。分析的结果会让我们了解制造和采购策略的影响，并据此指导未来产品和供应系统的设计。更重要的是，要认识到重新审视现阶段的供应系统将会给重新安排下一代产品的全球供应系统带来更多的机会。而下一代产品的设计，是迈向理想状态的一个大好时机。

最近，一家为美国汽车公司提供锻造、机加工和装配零件的主要国际汽车零件供应商开始设计下一代产品。这家公司决定重新审视包括了每个主要零部件的供应系统，直至最初始的原材料。

他们组成了一个包括生产、采购、供应商开发、计划和财务等不同职能部门的团队，追随本书中描述的雨刮器的分析方法，去绘制当前供应系统的价值流图。本案例中的多个机构都从属该公司，所以这个跨部门团队可以从内部供应商处获得绝大部分所需要的信息。这些价值流图被贴在采购部门的一面墙上。

最后完成的系统层面的价值流覆盖了整个一面墙，包括了与雨刮器现状价值流图类似的许多数据框，记录了加工时间、原材料库存、在制品库存、完成品库存、运输时间、运输批量大小、送货时间、生产批量大小、换模时间、生产间隔、不良率（ppm），以及需求放大效应等。

在如此大量的数据中我们很容易迷失，因此，将该系统的主要特征用一个系统图来总结，这将非常有帮助（如下图）。该图显示了这个供应系统的每一个分支供应链价值流所需的总交付周期（在每个分支价值流中加和形成，包括原材料的数量、待完成工作、成品和运输时间等），以及触发这些活动的信息流。

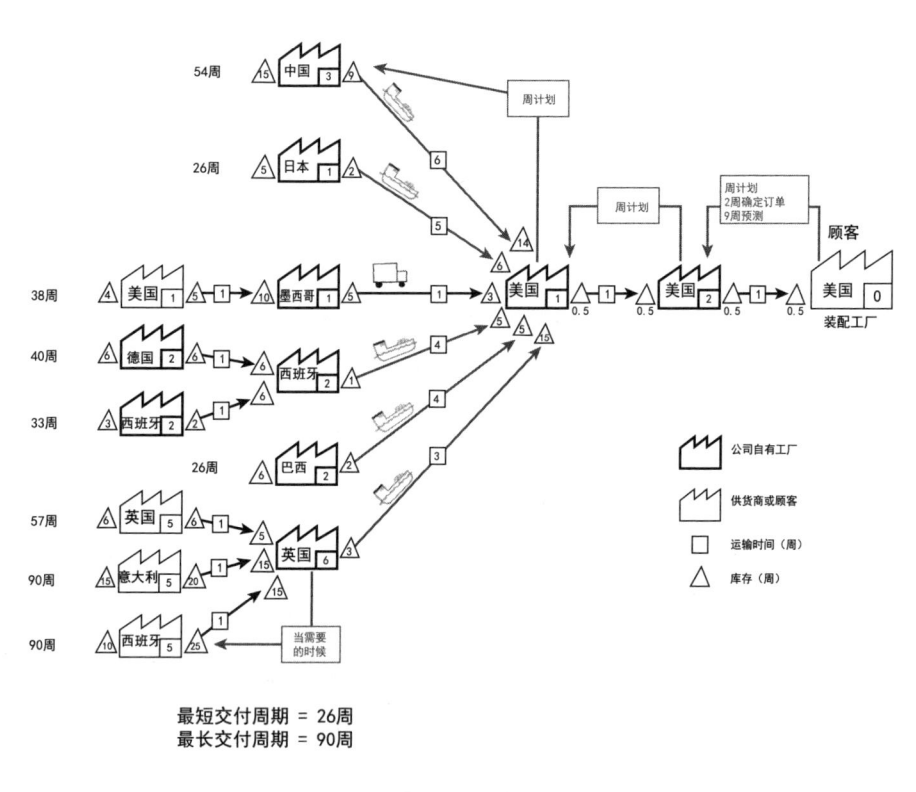

最短交付周期 = 26周
最长交付周期 = 90周

现状图（以周计）

他们从墙上的每一个分支价值流的具体分析和系统总结图中得到的结论是：

- 产品的零部件来自 4 大洲 9 个国家的 14 家工厂，这些部件都需要经历数千英里长途运输才能到达最终顾客。
- 实际上花费了从 26 周（182 天）到 90 周（630 天）的时间，来执行总共 10.5 小时的零件锻造、机加工和组装工作。
- 价值流中所有库存的成本相当于 9.5% 的总合同价格。每发生一次延误，客户都会提高安全库存水平，以确保准时供货。
- 为了快速应对客户需求变化所花费的空运成本相当于 9.5% 的总合同价格，而总运输成本为 3.0%。
- 大量高层管理人员的时间都花在与客户和遥远的供应商的沟通上，其中许多还是公司内部的供应商。
- 由于文化、时差、语言和信息系统的差异，造成信息流难以统一。
- 不同货币系统带来很大的风险，会造成意外的盈余和亏损。

- 由于生产交付周期长，导致引入新的产品设计方案变得困难，因为对于谁应该为供应管道中的巨量库存埋单的讨论，很难有结论。

这些长生产交付周期、额外的运输成本和额外库存问题，是公司当初决定采用大量"专业工厂"（此案例中的锻造、机加工和组装）的自然结果。由于对规模效益的追求，导致很多情况下公司选择单独一家工厂来进行某项产品的生产，用以满足顾客在全球的需求。

这些价值流进行选址决策的另一个重要考虑，则是尽可能地选用低劳动成本国家和地区，比如中国、巴西和墨西哥，来为高劳动成本国家的客户提供产品。当时看重的是，德国、西班牙、日本和英国的一些公司的大批量以及精密制造设备所带来的优势，以及中国、墨西哥和巴西等低劳动成本国家的优势，而对生产交付周期长、缺少对客户需求变化的及时响应，以及大量的在制品库存等劣势未予以足够重视。

对供应系统的分析

墙上的包含众多分支供应链多价值流的现状图带来了诸多

的讨论、争执和分析，也引发了当初作决策的部分经理的不满。不过，一旦供应系统整个呈现在那里，大家就必须思考，规划中的新产品到底该采用怎样的供应系统。随之而来许多问题，首先就是为什么生产交付周期会那么长？当团队开始问为什么有许多的延误和库存的时候，他们就开始看到了在下一代产品上进行改进的巨大机会，从而向理想状态靠近一步。

他们固然可以在在制品库存小于两周的工厂内进行减少批量和加速生产流动的活动，但更大的机会则存在于中国和英国的工厂以及英国供货的那些工厂，团队决定在这些地方大力开展厂内精益生产活动。但是为了进一步缩短生产交付周期，他们和航运公司一起合作，将运输交付时间从6周缩短到3周。

系统层面的价值流图同时引发了对触发物料流动的信息流的分析，包括批量和交付周期，以及需求的波动性。客户的需求如何变化？为什么变化？有多少系统引发的需求放大被传递到供应链上游？是什么导致加急空运的需求？有多少管理层的时间被花在解决客户需求和供应商缺货问题上？

系统层面的价值流图还可以用来跟踪那些主要质量问题和废品产生的节点。最终，它激发了一个关于供应系统成本的分析，相对于以前做选址和采购决策时考虑的单件价格和慢速运输成本，现在我们可以更精确地估算成本。

最后，高层管理者们决定，根据这个供应系统团队的发现，来重新思考下一代产品的生产和采购策略。主要的决策是不再完全依赖劳动成本和单工厂效率，而更加关注生产交付期、库存和客户响应能力，他们的方案是将新产品的生产安排在销售区域内进行。

这个产品现在已经投入量产，主要的时间线和绩效指标都已经被总结出来，标注在未来状态图里（参见第189页）。两个价值流图有显著的区别，仅有一种特殊钢管仍然保留于国外（德国）采购。

反思

在系统的层面上绘制供应链价值流图是非常有用的，主要原因是：

- 第一次展现给所有参与者现阶段的工作方式引起的结果，并且促使大家对于系统层级目标的讨论，而不是仅仅孤立地优化价值流当中的某一部分。

- 把一套详细的供应链价值流图贴在会议室的墙上，作为所

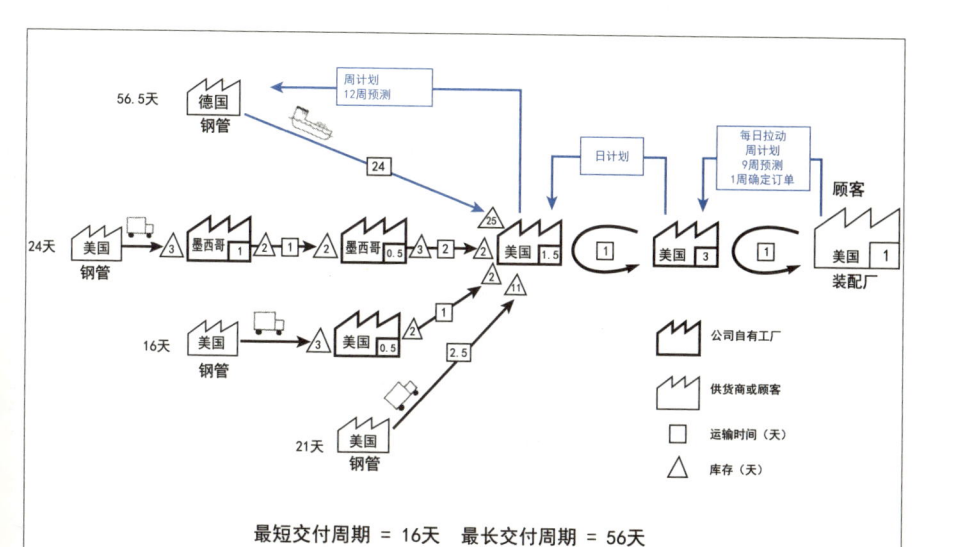

数据箱	2005	2012
产品种类数	3	16
洲	4	2
国家	9	3
增值时间	10.5小时	13.3小时
最短交付周期	26周（182天）	19天
最长交付周期	90周（630天）	37天
库存成本	9.5%	4.3%
运输成本	3.0%	0.8%
紧急运输成本	9.5%	1.6%
需求放大效应	4:1	2:1

未来状态图（以天计）

第六部分 关于供应链价值流的新观点

有数据和分析的参考依据，也使得改进现状的讨论更加明确。

● 时间是一个强有力的指标，可以有效地总结一个系统的运行绩效。实物流动的延迟和中断都是当前系统运作实际情况的反映，这些对时间的关注引导大家去发现系统内需求波动的原因，以减少系统超负荷和使用不足的浪费。

● 关注整个系统以及波动的原因，这将会帮助管理者决定在哪些局部采取行动，以达到对整个系统改进绩效降低成本的显著效果。

● 改进整个供应系统往往在某个地方造成成本增加，导致该地的绩效目标不能完成。但是从全局看，所增加的成本比起系统内另一地方产生的收益要小得多。因此，绘制供应链价值流图以及进行系统成本分析，使潜在的冲突得以暴露和解决，而非成为难以合作的障碍。

附录 供应链价值流图图标

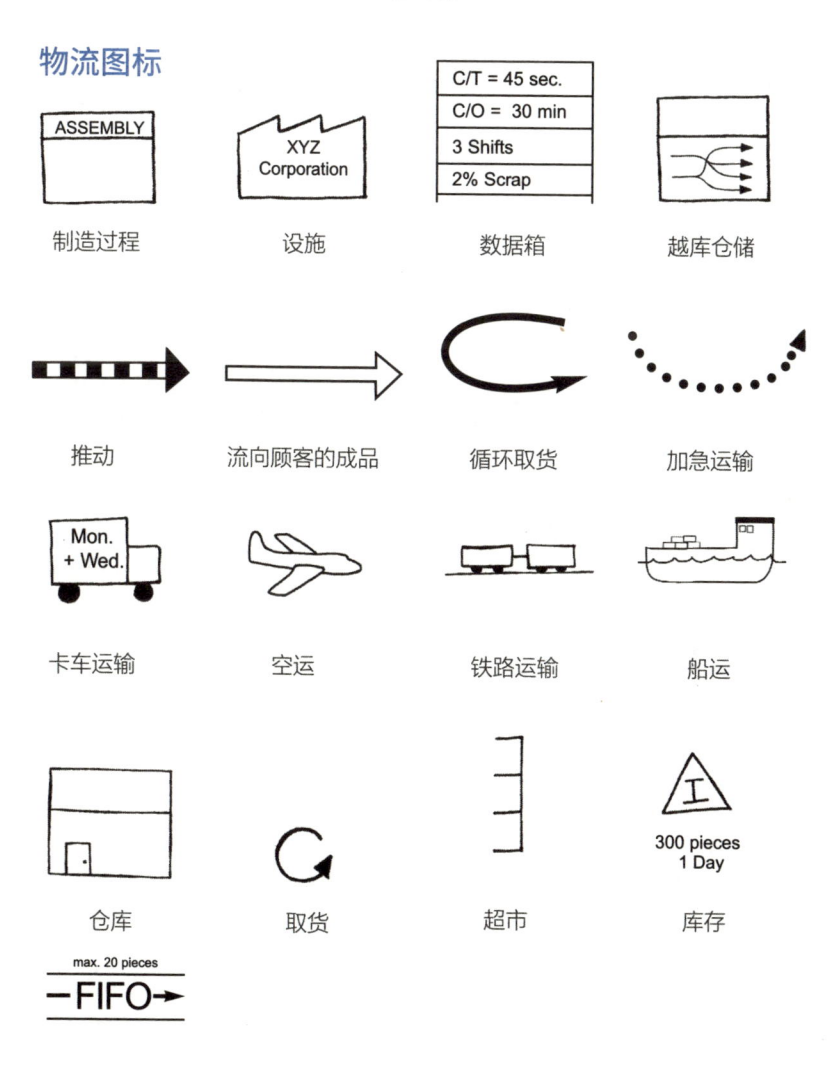

物流图标

制造过程	设施	数据箱	越库仓储
推动	流向顾客的成品	循环取货	加急运输
卡车运输	空运	铁路运输	船运
仓库	取货	超市	库存

数据箱内容:
- C/T = 45 sec.
- C/O = 30 min
- 3 Shifts
- 2% Scrap

设施: XYZ Corporation

卡车运输: Mon. + Wed.

库存: 300 pieces 1 Day

max. 20 pieces
─FIFO→

先进先出顺序流

信息流图标

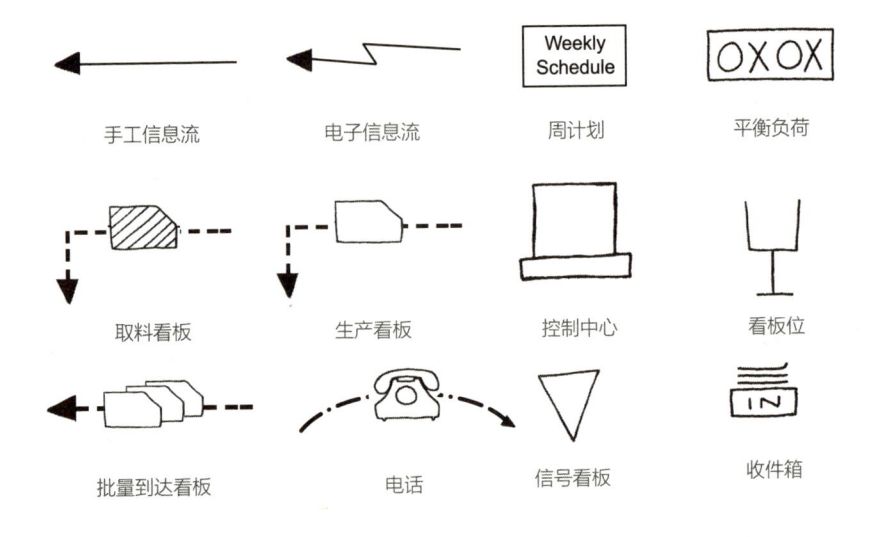

手工信息流　　电子信息流　　周计划　　平衡负荷

取料看板　　生产看板　　控制中心　　看板位

批量到达看板　　电话　　信号看板　　收件箱

通用图标

操作人员

精益企业中国（LEC）

精益企业中国（Lean Enterprise China, LEC）是一个非营利性组织，2005年成立于上海，是精益全球联盟（Lean Global Network, LGN）32个国家会员之一。

LEC的使命是促进精益思想在中国的传播和实践，帮助企业精益转型，增强竞争力，回馈社会。我们的愿景是建立中国精益知识平台，引领精益人才培养。

LEC致力于把精益理念和方法引进中国：

・系统性引入精益知识体系：翻译及推出了34本精益专业书籍

・凝聚精益同好，共同学习分享：举办了14届全球精益高峰论坛

・启动中国企业精益实践的研究：出版了5本《精益实践在中国》

www.leanchina.net.cn

图书在版编目（CIP）数据

综观全局/（英）丹·琼斯（Dan Jones），（美）吉姆·沃麦克（Jim Womack）著；精益企业管理咨询（上海）有限公司 译.—北京：东方出版社，2023.4
（精益实践）
书名原文：Seeing the Whole Value Stream
ISBN 978-7-5207-2685-6

Ⅰ.①综⋯　Ⅱ.①丹⋯②吉⋯③精⋯　Ⅲ.①企业管理—研究　Ⅳ.① F272

中国版本图书馆 CIP 数据核字（2022）第 039595 号

Seeing the Whole Value Stream
Copyright ©2011 by LEI
All rights reserved.
This edition published by arrangement with LEC.

中文简体字版专有权属东方出版社
著作权合同登记号 图字：01-2021-5749号

综观全局
（ZONGGUAN QUANJU）

作　　者：	［英］丹·琼斯（Dan Jones）　［美］吉姆·沃麦克（Jim Womack）
译　　者：	精益企业管理咨询（上海）有限公司
责任编辑：	申　浩
出　　版：	东方出版社
发　　行：	人民东方出版传媒有限公司
地　　址：	北京市东城区朝阳门内大街 166 号
邮　　编：	100010
印　　刷：	北京联兴盛业印刷股份有限公司
版　　次：	2023 年 4 月第 1 版
印　　次：	2023 年 4 月第 1 次印刷
开　　本：	880 毫米 ×1230 毫米　1/32
印　　张：	6.75
字　　数：	110 千字
书　　号：	ISBN 978-7-5207-2685-6
定　　价：	49.00 元
发行电话：	（010）85924663　85924644　85924641

版权所有，违者必究
如有印装质量问题，我社负责调换，请拨打电话：（010）85924602　85924603

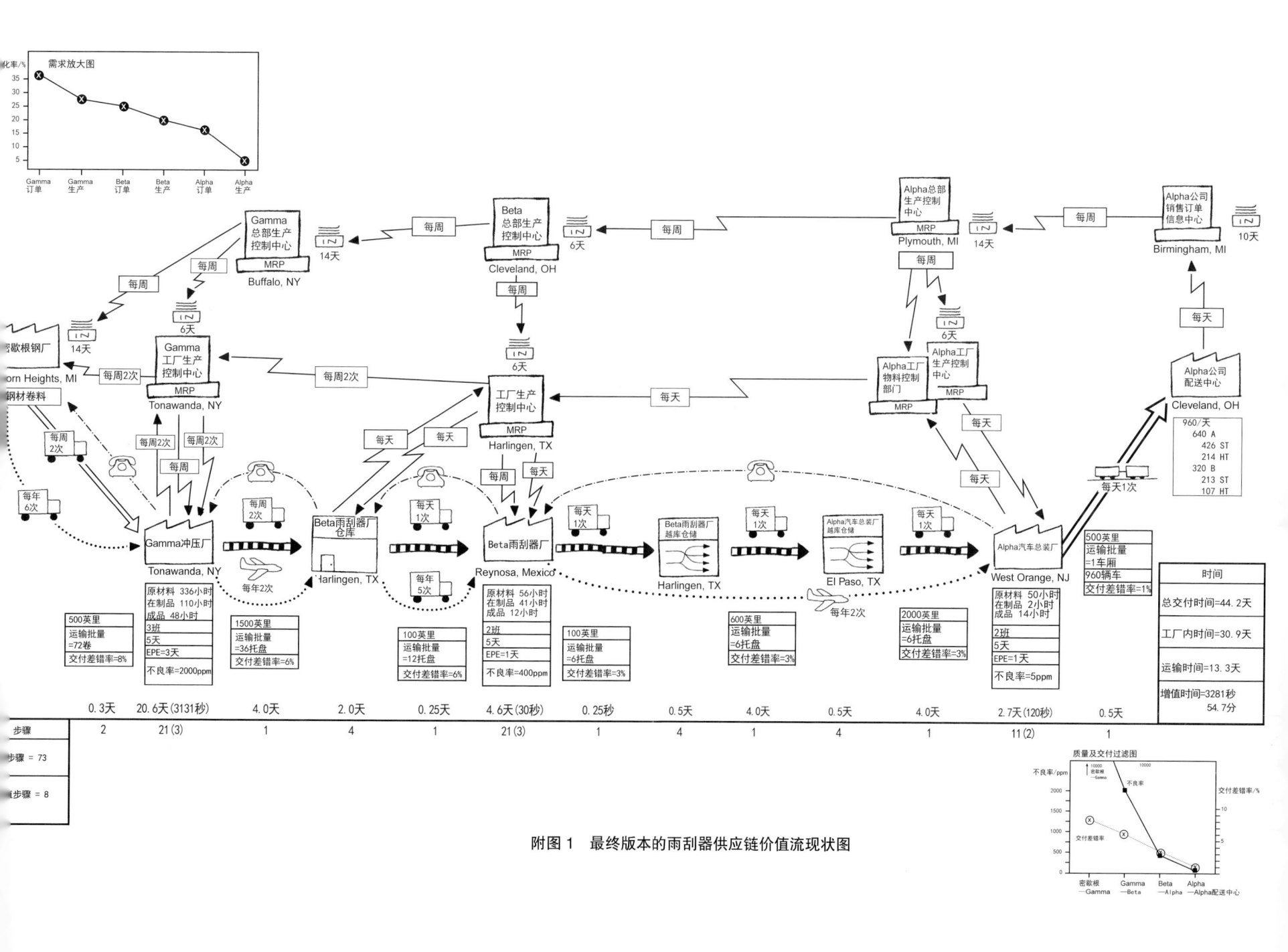

附图 1　最终版本的雨刮器供应链价值流现状图

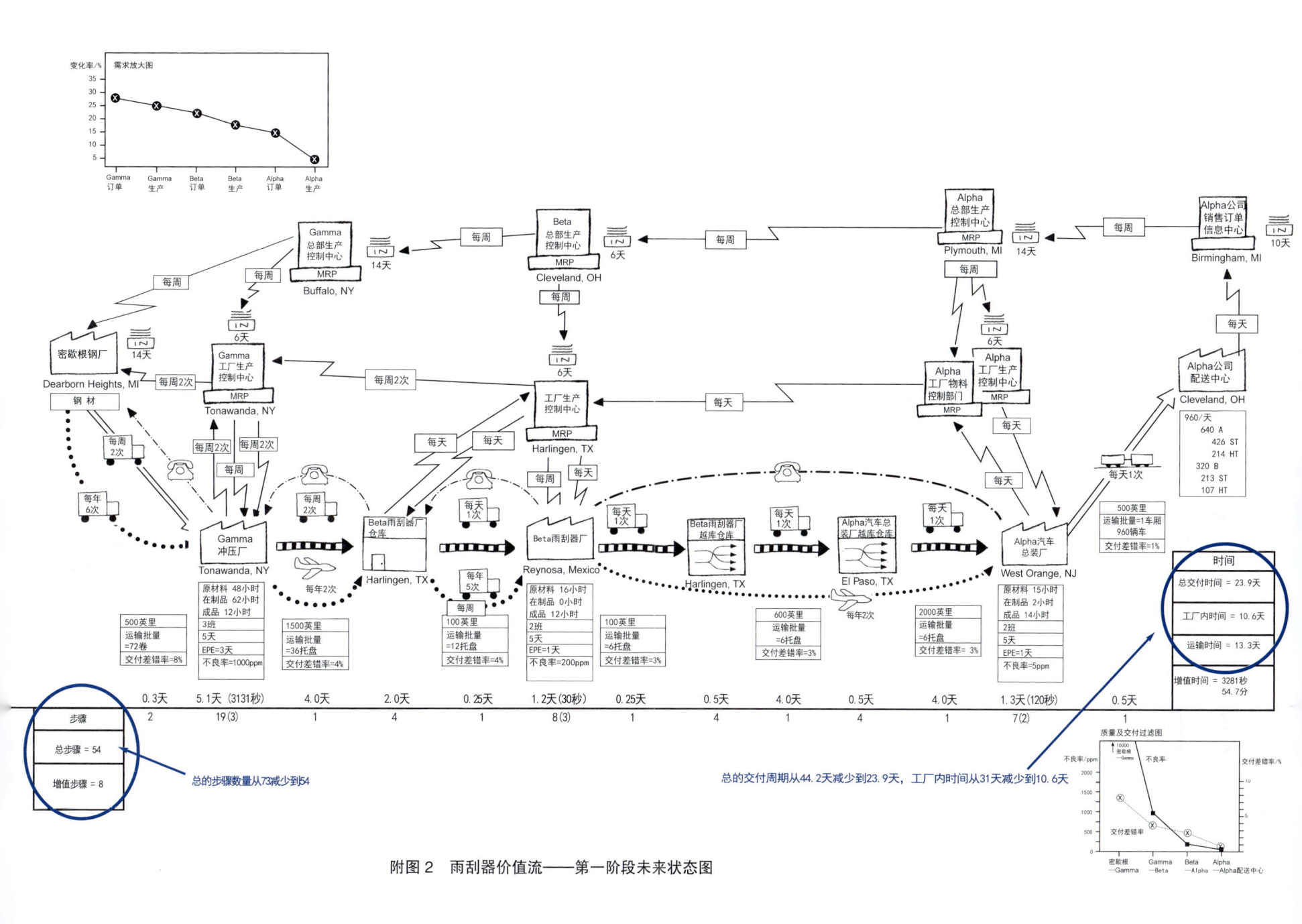

附图2　雨刮器价值流——第一阶段未来状态图

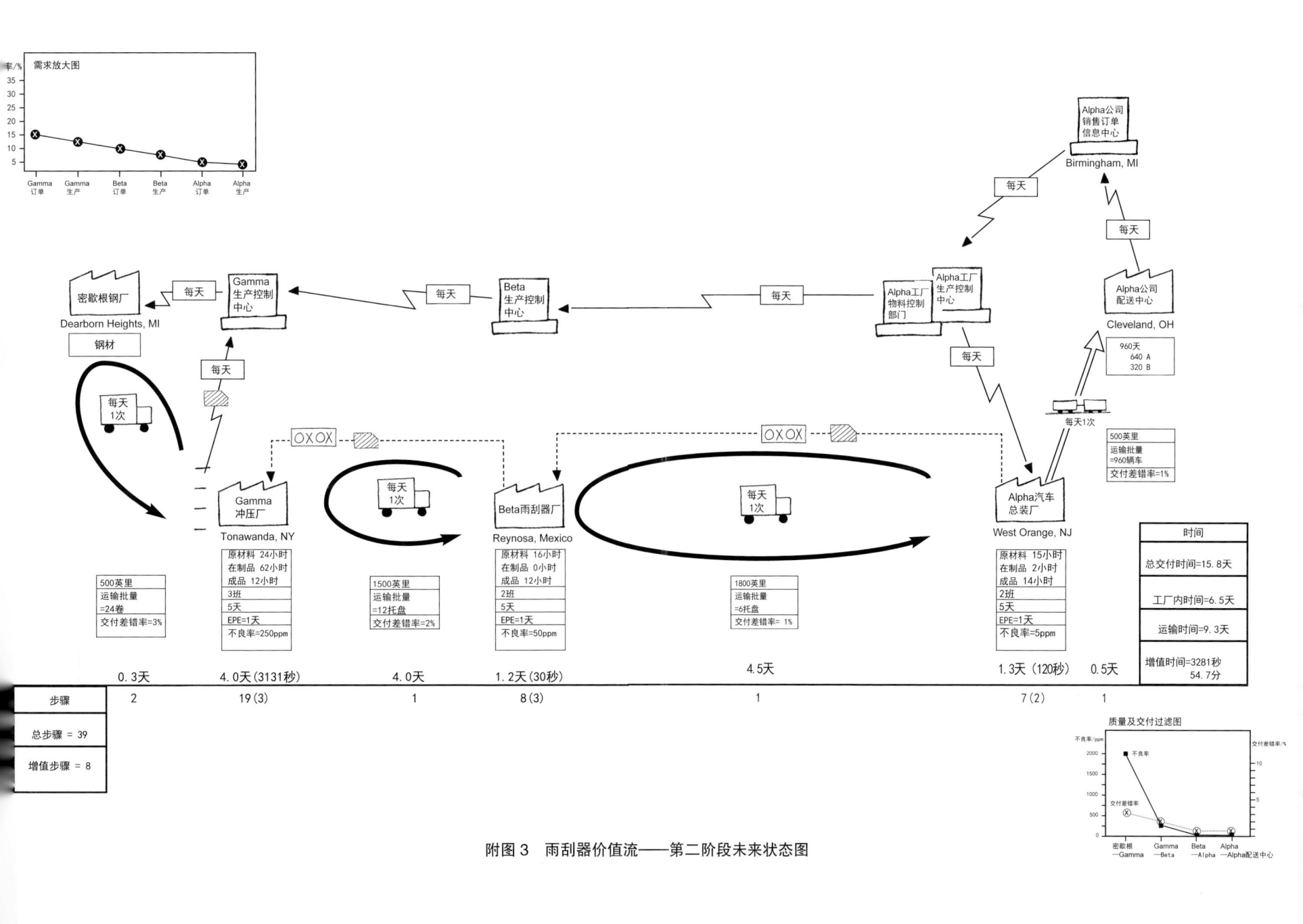

附图3　雨刮器价值流——第二阶段未来状态图

附图 4　雨刮器价值流——理想状态图

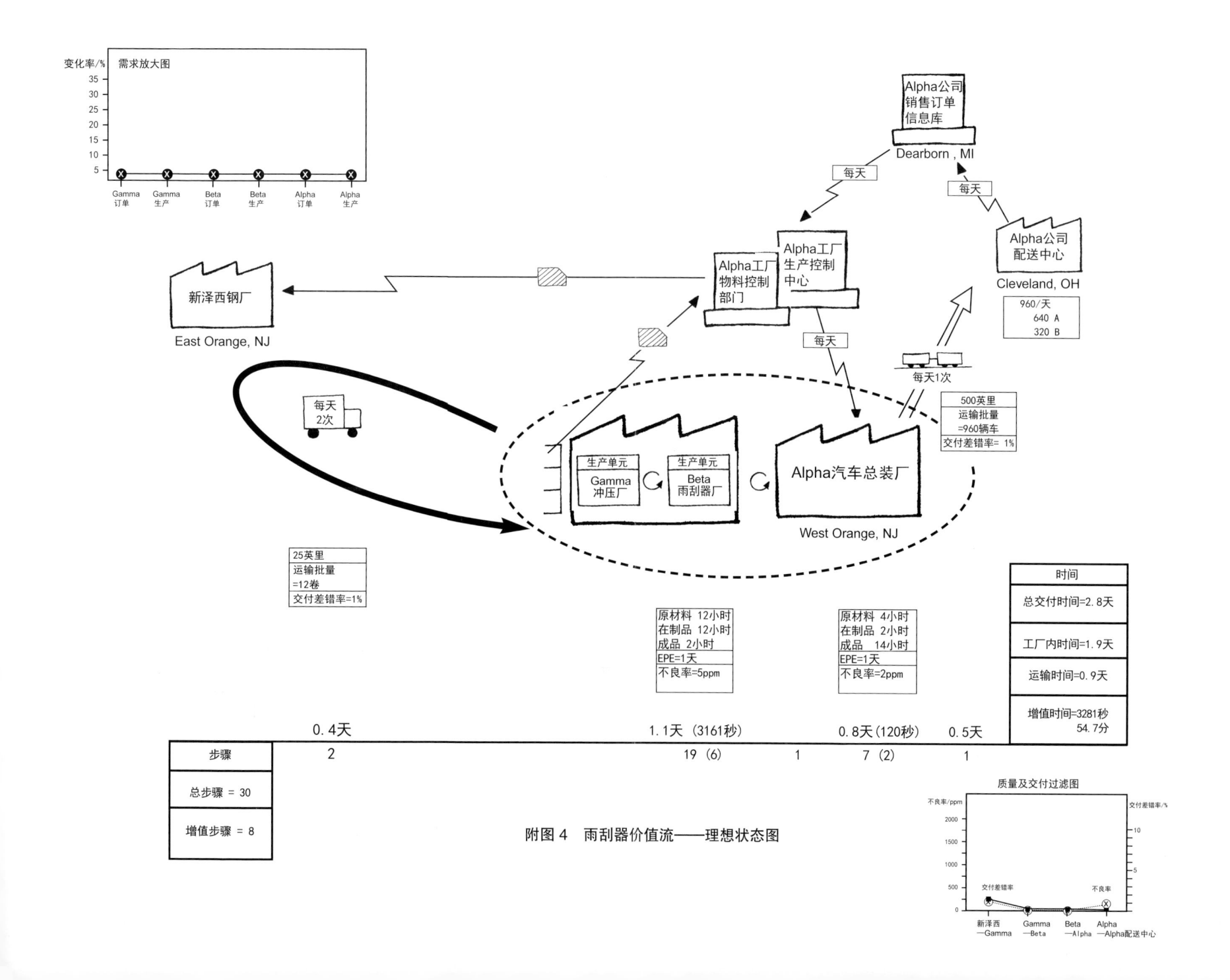